W0235968

Kaisers Kopfnüsse

Joachim Kaiser

Kaisers Kopfnüsse

Literarische Rätsel
aus der Süddeutschen Zeitung

Augustus Verlag

Der Autor: Prof. Dr. Joachim Kaiser gehört seit Jahrzehnten zu den führenden Kritikern und Autoren der deutschen Literatur- und Musikszene. Zahlreiche Bücher haben seinen Namen einem großen Publikum ebenso bekanntgemacht wie Artikel in Zeitungen und Zeitschriften, Auftritte in Fernsehen und Talkshows und die berühmten Vortragsserien, zu denen jeder eilt, der in München Rang und Namen hat.
Seit 1965 stellt Joachim Kaiser für die Süddeutsche Zeitung Weihnachts- und Sylvesterrätsel zusammen, die - nicht allein aufgrund ihrer ungewöhnlichen Schwierigkeit - zahllose Leser fasziniert haben.

Die Deutsche Bibliothek - CIP-Einheitsaufnahme

Kaiser, Joachim:
[Kopfnüsse]
Kaisers Kopfnüsse : literarische Rätsel aus der Süddeutschen
Zeitung / Joachim Kaiser. – Augsburg : Augustus-Verl., 1997
ISBN 3-8043-3058-4

Lektorat: Dr. Marianne Jabs, Andrea Müh
Umschlaggestaltung: Petra Pawletko, Augsburg
Layout und Satz: Ilse Nowak, Weltbild Verlag, Augsburg

Augustus Verlag Augsburg 1997
(c) Weltbild Verlag GmbH, Augsburg

Druck und Bindung: Wiener Verlag, Himberg
Gedruckt auf 100 g/m² umweltfreundlich chlorfrei oder elementar chlorfrei gebleichtes Papier.

ISBN 3-8043-3058-4

Inhaltsverzeichnis

Vorwort

Warum das Rätselraten Spaß macht ...

I.

Seit mehr als drei Jahrzehnten erfreue und quäle ich die Leser der Süddeutschen Zeitung mit einem allweihnachtlich erscheinenden Literatur-Quiz. Natürlich konnte es mir dabei nicht darum gehen, irgendwelche entlegenen Texte zusammenzusuchen, um meine Lese-Kunden schrecklich gebildet zu entmutigen. Sondern: jedes Quiz muß ein festes, möglichst konkretes und interessantes Thema haben. Die Texte dürfen nie von unbekannten, dritt- oder viertklassigen Autoren stammen. Es sollen schon große, zumindest sehr populäre, Dichterinnen und Dichter, Schriftstellerinnen und Schriftsteller sein, die in einem solchen Quiz zu Worte kommen. Wenn ein solches Literatur-Quiz, als Quiz , einigermaßen gelungen ist, dann hat es auch eine innere Dramaturgie. Auf leichte Texte folgen schwere; Lyrik, Epik und Dramatik wechseln sich ab; allzu Heiliges wird durch Sanft-Frivoles ausgeglichen. Natürlich hat man - habe ich - als Quiz-Komponist gewisse Vorlieben und auch mannigfache blinde Stellen. So weiß ich, daß meine Quiz-Kunden immer irgendwo einen Thomas Mann-Text erwarten, einen Shakespeare-Dialog, ein Kästner-Gedicht (und es bereitet mir eine tückische Freude, manchmal gerade keine Thomas Mann-Stelle vorzuführen, auch wenn sie sich noch so sehr anböte).

II.

Hier darf ich es ja zugeben: Ich selbst bin ein sehr schlechter Rätsel-Rater und Quiz-Löser. Wahrscheinlich habe ich diese Texte nur deshalb zusammengestellt, um sie nicht auch selber erraten zu müssen. Desto unabweisbarer drängt sich nun die Frage auf, warum eigentlich so viele, der Dichtkunst irgendwie verbundene Menschen so gern

literarische Rätsel lösen. Vielleicht fühlen Sie: das Durchschauen und
Erkennen von Texten, das Finden von Begriffen und Namen ist nicht
nur moderne Freizeitgestaltung, sondern magische Handlung. Durch
die Geschichte der Menschheit zieht sich, als Rettung und Vernich-
tung, das Raten oder Nichterraten, Durchschautwerden oder Geheim-
Bleiben. Man erinnere sich nur an den Ödipus der griechischen Tragödie und an das Rumpelstilzchen des deutschen Märchens, an jene
magischen drei Fragen und Rätsel, über die Sigmund Freud im
Zusammenhang mit Shakespeares „Kaufmann von Venedig" einen
Essay geschrieben hat.

III.

In den hier mitgeteilten Quiz-Texten geht es für die Ratenden glückli-
cherweise nicht um Leben und Tod, sondern nur um Darauf-Kom-
men oder Daran-Scheitern. Raten hat etwas mit Reisen zu tun. Und
zwar in folgender Weise: Wenn man als Tourist eine Urlaubsreise
irgendwohin macht, keine rechten Absichten hat, vielleicht mal in ein
Museum geht, oder einen Tempel betritt, aber im Grunde lieber gut
essen und ein bißchen flanieren möchte, dann wird man das betreffende Land nur als Tourist erfahren, kennenlernen. Also oberflächlich,
zufällig, ungenau. Fährt man aber nicht als „Tourist", sondern bereist
man ein unbekanntes Land und „will" dort etwas, dann kommt man
den Menschen dort, ihren Problemen und ihrer Lebensart viel näher.
Dabei ist es gar nicht so wichtig, was man will. Man muß nur eine
bestimmte Absicht haben. Sich über die Schulen informieren wollen,
oder über die Frauenemanzipation, oder über die Situation der Arbeit-
nehmer, oder über die Organisation des Verkehrswesens. Um dergleichen herauszukriegen, beschreitet man dann Wege, die sich auch mal
als Umwege erweisen und gerade darum überraschend lehrreich sind.
Man muß Menschen kennenlernen und befragen, von denen man,
ohne besagte Absicht, keine Notiz genommen hätte ... Man dringt also
in den Gegenstand nicht als neutraler, indifferenter Tourist ein, sondern als jemand, der aktiv abverlangt. Genauso verhält man sich zu
großen oder kleinen Texten, wenn man ein Quiz lösen will. Wir alle
neigen doch dazu, manchmal ein wenig oberflächlich zu lesen, einen
komplizierten Absatz bloß zu überfliegen, literarisch zu „zappen".
Eben dies geht nicht, wenn man einen Text, dessen Rang man
erkennt, dessen Autor einem aber nur undeutlich vorschwebt, analy-
sierend bestimmen möchte. Dann wägt man jedes Adjektiv, fühlt man

sich in jeden Rhythmus ein, aktiviert man, was Heidegger „ahnendes Vermuten" nennt. Diese Haltung der suchenden Konzentration, der liebevoll-neugierigen Annäherung, der listigen Enthüllung eines Geheimnisses macht Spaß. Im Quiz müssen wir uns auf große Texte einlassen, etwas von ihnen wollen, ihnen am Ende durchschauend gewachsen sein.

IV.

Wer als Emigrant aus dem deutschen Kulturkreis nach England mußte, der wußte: wenn er sich den berühmten Rätseln der Times gewachsen zeigt, dann darf er sich auch im britischen Geistesleben zu Hause und aufgenommen fühlen. Die bemerkenswerte Anteilnahme, mit der viele deutsche Leser, ja sogar kleine Rategruppen, sich Jahr für Jahr auf das Literatur-Quiz der Süddeutschen Zeitung stürzten, bereitete mir natürlich glückliche Genugtuung. Doch dahinter steckte gewiß mehr: die Ratenden wollten sich im Bezirk ehrwürdiger oder heiterer Sprachkunst zu Hause fühlen. Wollten sich mit Rätseln beschäftigen, die Wissen und Spürsinn voraussetzen. Manchmal freilich ist es viel besser zu glauben, daß jener Vers von Lessing stamme, als zufällig zu wissen, daß er doch von Goethe ist. Es gibt halt auch kluge Irrtümer. Eine nicht unkomische Erfahrung möchte ich an den Schluß dieses Vorworts stellen. Rätsel-Rater sind seltsamerweise sowohl dann ein wenig gekränkt, wenn sie eine Quiz-Frage ganz schnell lösen (wie kann er uns eine derart läppische Kleinigkeit servieren?) als auch im entgegengesetzten Falle: Also wenn sie trotz angestrengten Nachdenkens überhaupt nichts herauskriegen (wie kann er uns mit einer derart apokryphen Verrücktheit kommen?). Man ist eben in seinem Ego leicht gekränkt. Sowohl, wenn es zu wenig als auch, wenn es zu streng gefordert wird. Dabei verhält man sich nicht logisch, doch höchst menschlich.

So viel zu den Mysterien der Literatur-Quiz-Branche.
Und nun viel Spaß beim Raten.

Joachim Kaiser

Wer liebt wen?

Ein leicht frivoles, jedoch literarisches Quiz

Ob es sich in den neun, auf diesen Seiten aneinandergereihten Episoden immer um „Liebe" handelt, wagen wir nicht zu entscheiden. Tatsache ist, daß unser erstes Quiz, wie jeder rechte Roman, mit Anteilnehmen beginnt, mancherlei Untiefen und Höhen durchläuft, um mit Ehe zu enden. Aber zwischen wem und wem spielt dieser Roman? Wer hat ihn geschrieben?

Was der geneigte, hier endlich einmal bös überforderte Leser vor sich hat, ist eine Story aus neun verschiedenen Federn. Drei der Autoren wurden aus fremden Sprachen übersetzt, sechs haben deutsch geschrieben. Die Ausschnitte stammen in der Mehrzahl aus weltberühmten, vielgenannten Werken, von denen einige freilich von fragwürdigem literarischem Wert sein mögen.

Es dürfte schwer sein, alle neun Autoren und alle neun Pärchen richtig zu erraten. Leicht identifizierbar sind wohl nur zwei Verfasser. Wer zwischen drei und sieben herausbekommt, mag den Kopf hoch tragen. Wer gar die beiden allerschwersten Zitate errät – sie stammen von berühmten Männern, die aber hauptsächlich als Romanschriftsteller berühmt wurden –, kann sich mindestens ein Jahr lang die Lektüre literarischer Feuilletons sparen. Wir wünschen viel Spaß bei der Suche nach neun Namen und neun Paaren.

Die Lösungen finden Sie auf Seite 157/158.

Sie kam fast immer zu spät zu Tische, und bis sie kam, saß er und konnte die Füße nicht ruhig halten, denn er wartete auf das Schmettern der Glastür, von dem ihr Eintritt unweigerlich begleitet war, und wußte, daß er dabei zusammenfahren und sein Gesicht würde kalt werden fühlen, was denn auch regelmäßig geschah. Anfangs hatte er jedesmal ergrimmt den Kopf herumgeworfen und die fahrlässige

Nachzüglerin mit zornigen Augen zu ihrem Platze am guten Russentisch begleitet, auch wohl ihr halblaut und zwischen den Zähnen ein Scheltwort, einen Ruf empörter Mißbilligung nachgesandt. Das unterließ er jetzt, beugte den Kopf tiefer über den Teller, wobei er sich wohl gar auf die Lippe biß, oder wandte ihn absichtlich und künstlich nach der anderen Seite; denn ihm war, als komme der Zorn ihm nicht mehr zu, als sei er zum Tadel nicht so recht frei, sondern mitschuldig an dem Ärgernis und mitverantwortlich dafür vor den anderen, kurzum, er schämte sich, und zwar wäre es ungenau gewesen, zu sagen, daß er sich für sie schämte, sondern ganz persönlich schämte er sich vor den Leuten – was er sich übrigens hätte sparen können, da niemand im Saale sich um ihre Laster noch um seine Scham darüber kümmerte, ausgenommen etwa die Lehrerin, Fräulein Engelhart, zu seiner Rechten.

Das kümmerliche Wesen hatte begriffen, daß dank seiner Empfindlichkeit gegen das Türenwerfen eine gewisse affekthafte Beziehung des jungen Tischnachbarn zu der Russin entstanden war, ferner, daß es wenig auf den Charakter einer solchen Beziehung ankomme, wenn sie nur überhaupt vorhanden war, und endlich, daß seine geheuchelte – und zwar aus Mangel an schauspielerischer Übung und Begabung sehr schlecht geheuchelte – Gleichgültigkeit keine Abschwächung, sondern eine Verstärkung, eine höhere Phase des Verhältnisses bedeutete.

„Pardauz!" sagte das alte Mädchen. „Das ist sie. Man braucht nicht aufzusehen, um sich zu überzeugen, wer da hereingekommen ist. Natürlich, da geht sie – und wie reizend sie geht –, ganz wie ein Kätzchen zur Milchschüssel schleicht! Ich wollte, wir könnten die Plätze tauschen, damit Sie sie so ungezwungen und bequem betrachten könnten, wie ich es kann. Ich verstehe es ja, daß Sie nicht immer den Kopf nach ihr drehen mögen – Gott weiß, was sie sich schließlich einbilden würde, wenn sie es merkte...

Jetzt sagt sie ihren Leuten guten Tag...

Sie sollten doch einmal hinsehen, es ist so erquickend, sie zu beobachten."

2.

Ihre Worte besagten im Grunde nichts anderes als die Sprache ihres Körpers. Sie besuchte mich im Auftrag von Jean Chouteau, dem greisen Freund, der in Chile und Argentinien gelebt und ihr von mir erzählt hatte; sie hatte ihm versprechen müssen, mir seine Grüße zu überbringen, sobald sie nach Europa käme. Nun – sie kam spät.

Chouteau war seit zehn Jahren tot. Damals war sie dreizehn Jahre alt gewesen, und sie hatte diese zehn Jahre gebraucht, bis sie mich erreichte, obwohl sie es schon als Kind und später als junges Mädchen versucht hatte. Vor neun Jahren hatte sie mir eine Postkarte geschrieben, und vor nunmehr fünf Jahren war es ihr im Casino von Biarritz plötzlich eingefallen, mich über den Lautsprecher suchen zu lassen. Wunderlich genug, wäre ich durch einen Zufall im Saal gewesen! Die Lautsprecherstimme hatte mich nicht erreicht, die Karte aber mochte angekommen sein.

Den heutigen Versuch, mich zu treffen, unternahm sie als erwachsene Frau, und zwar hatte sie morgens, beim Aufwachen, beschlossen, mich zu finden, selbst wenn sie mich durch ganz Paris, ja durch ganz Frankreich verfolgen müsse. Sie war noch ganz atemlos vor Erstaunen, daß sie nur wenige Schritte gebraucht hatte.

Ich blickte sie an: Um die gleiche Stunde also, da Annie sich entschied, einen verbrauchten, stumpfen alterslosen Mann zu verlassen, hatte sich die junge Frau hier entschlossen, eben diesen leidenschaftlichen, mutigen und starken Mann zu finden.

„Wo ist er?" sagte sie, aber während sie es sagte, verging ihr Zorn, der Hunger war gestillt. Wie eine Löwin, die bis zum Ekel gefüttert, den Dompteur nur noch als ein ekliges Stück Fleisch betrachtet, sah sie sich um. Die Löwinnen waren dumm. Sie konnten Dompteure zerfleischen und ließen sich von deren Peitsche im Kreise treiben, zu lächerlichen Hundespielchen zwingen, durch brennende Ringe jagen. Kluge Löwinnen zerrissen, auch wenn sie nicht hungrig waren, ihre Dompteure. Er hatte ihr gesagt, daß er die Lächerlichkeit noch mehr hasse als die Langeweile. Nichts Lächerlicheres als ungenützte Macht. „Die Bibliothek", sagte der Großfürst: Man sah ihm an, daß er erleichtert war, die Führung zu beenden.

Das war ein herrlicher Raum, mit Bücherregalen bis an die Decke, in purem Rokoko, ein Boucher und ein Fragonard an den Wänden. Im gedämpften Licht hatte sie den Mann nicht bemerkt, der sich jetzt von einem Diwan erhob, wo er, lesend oder dösend, gelegen hatte. „Wir nennen ihn Doktor", stellte der Großfürst vor, „denn besitzt er die Doktorwürde nicht, so sollte er sie doch besitzen."

Er bat den „Doktor", sich für eine kurze Weile der Gräfin anzunehmen. Sie, amüsiert über seine Flucht, nahm Platz.

Der Mann erinnerte an eine Pappel, so groß und schlank war er; sein Körper verjüngte sich nach oben, in einer spitzen Krone endend.

Er schien aus einem Traum erwacht zu sein und nicht zu wissen, ob er immer noch träumte. Mit eingefallenen Wangen unter hohen Backenknochen, mit Augen, die so tief lagen, daß die Knochen des Schädels nackt erschienen, sah er leidend aus, aber sein Anblick erregte kein Mitgefühl: Ein böses Gesicht, und wer es sah, dem war es gleichgültig, ob der Schmerz es verhärtet hatte. Sein Blick betastete die Frau, doch war nichts Obszönes in seinen Augen; sie schienen das junge Geschöpf zu untersuchen, wie es Ärzte tun, die eine Diagnose stellen und nachher von einem interessanten Fall sprechen.

4. Es liegt weder in meiner Absicht, noch liegt es innerhalb meiner Fähigkeiten, hier auch nur andeutungsweise die Macht der Liebe zu schildern oder gar zu erklären. Eins steht fest: Liebe auf den ersten Blick war es nicht. Erst eine Stunde später, als ich schon die Einweihungsriten ihrer Sippe überstanden hatte, der Verlobungskaffee schon getrunken, der Verlobungskuchen halb verzehrt war, kam ich dazu, sie richtig anzusehen. Ich fand sie viel schöner, als die Ähnlichkeit mit Engel hatte versprechen können, und ich war erleichtert darüber. Obwohl ich sie schon seit vierzehn Tagen liebte, war es doch angenehm, sie schön zu finden. Wenn ich jetzt mitteile, daß wir, sie und ich, uns von nun an nicht sehr oft, aber sooft wir konnten, in den Armen lagen, und noch einmal ins Gedächtnis rufe, daß ich diese Tatsache der Lenkung jener himmlischen Vernunft zuschreibe, die mir eingab, beim Kommando „Spaten ab!" plötzlich alles Gelernte zu vergessen, so werden, fürchte ich, um ihre Söhne besorgte Eltern jetzt auf den Gedanken kommen, ihre Söhne nicht nur aus erzieherischen Gründen zum Militär zu schicken, auch, auf daß sie auf dem Umweg über das falsch ausgeübte Kommando „Gewehr ab!" (Spaten haben sie ja heutzutage nicht mehr) zu einer so lieben, so klugen und schönen Frau kommen wie ich. Deshalb möchte ich hier warnend an das Märchen von Frau Holle (und andere einschlägige Märchen) erinnern, in denen der absichtslos Gutes Tuende weitaus bessere Früchte erntet als der absichtsvoll ihn Nachahmende, und möchte noch einmal beschwören: Ich tat's nicht absichtlich. (Hier lasse ich etwas Platz für die knirschenden Zähne der Zornigen, die absichtstrunken, wie sie nun einmal sind, nicht wahrhaben wollen, daß eine himmlische Vernunft den Absichtslosen zum Guten führen kann.)

Wehe dem Mann, der in den ersten Augenblicken einer Liebesverbindung nicht glaubt, daß diese Bindung ewig dauern soll! Wehe dem, der in den Armen der Geliebten, die er eben erobert hat, ein unheilvolles Vorgefühl bewahrt und ahnt, daß er sich von ihr lösen wird! Eine Frau, die von ihrem Herzen bestimmt wird, hat in diesem Augenblick etwas Rührendes und Geheiligtes. Nicht die Lust, nicht die Natur, nicht die Sinne sind verderblich, sondern die Berechnungen sind es, die uns die Gesellschaft anerzogen hat, und die Überlegungen, welche die Erfahrung erzeugt.

Sie schien glücklich, daß er sich wunderte. Eine Stunde später aß sie bereits die eiserne Ration auf. „Ach, ist das Leben schön!" sagte sie. „Wie denkst du über die Treue?"

„Kau erst hinter, bevor du so große Worte aussprichst!" Er saß neben ihr, hielt seine Knie umschlungen und blickte auf das ausgestreckte Mädchen nieder. „Ich glaube, ich warte nur auf die Gelegenheit zur Treue, und dabei dachte ich bis gestern, ich wäre dafür verdorben."

„Das ist ja eine Liebeserklärung", sagte sie leise.

„Wenn du jetzt heulst, zieh ich dir die Hosen stramm!" sagte er.

Sie kugelte aus dem Bett, zog ihren kleinen rosafarbenen Schlüpfer an und stellte sich vor ihn hin. Sie lächelte unter Tränen. „Ich heule", murmelte sie. „Nun halte auch du dein Versprechen." Dann bückte sie sich. Er zog sie aufs Bett. Sie sagte: „Mein Lieber, mein Lieber! Mach dir keine Sorgen."

Wie ich sie neben mir sehe, in aller Begabung der Natur, glaube ich das wirklich. Ach, daß sie auch dies hat zu allem anderen: daß man sie so leibhaft genießen kann, dieses lachenweckende Rund der Schultern, den Schwung der Armlinien (an dem gar nichts Atonales ist), die blanken Hügel der Knie, an deren geschmeidiger Form sich das Auge niemals satt sieht. – Sie ist schlanker, als ich mir sie vorstellte, dennoch hat ihr Leib frauenhafte Rundung; die Hüften sind gut ausgebaut; doch jedes ist jugendlich beherrscht, in Form gegossen. Man muß alles in Besitz nehmen, durch die Augen, mit zarten fühlenden Fingern, mit der ganzen lechzenden Fläche des eigenen Körpers. – Ein paar Sekunden unterliegt sie der Hypnose dieses Kultes. Dann weckt sie sich:

„Na, nun genug!" und drängt energisch zurück. Man muß sich fügen. Aber deshalb braucht das Spiel nicht zu Ende zu sein.

„Mal umdrehen!" kommandiere ich.

Das wird abgelehnt.

Ich stelle ein befristetes Ultimatum.

Nach ergebnislos verstrichener Frist gehe ich zur Gewalt über – die nicht mit meinem Siege endet: denn sie wehrt sich erbittert. Ich muß mich damit begnügen, ihr als Zeichen der Überlegenheit eins auf die hierfür präparierte Stelle zu versetzen.

„Ihr Männer seid alle Sadisten", prustet sie; doch selbst im Kampf meldet sich die zeitgemäße Bildung: „Aber – ich glaube – das muß wohl so sein."

8.

Sie dürfen nicht darüber betreten sein, fuhr sie fort: Zum Lichte des Verstandes können wir immer gelangen; aber die Fülle des Herzens kann uns niemand geben. Sind Sie zum Künstler bestimmt, so können Sie diese Dunkelheit und Unschuld nicht lange genug bewahren; sie ist die schöne Hülle über der jungen Knospe; Unglücks genug, wenn wir zu früh herausgetrieben werden. Gewiß, es ist gut, wenn wir die nicht immer kennen, für die wir arbeiten.

Oh, ich war auch einmal in diesem glücklichen Zustande, als ich mit dem höchsten Begriff von mir selbst und meiner Nation die Bühne betrat. Was waren die Deutschen nicht in meiner Einbildung, was konnten sie nicht sein! Zu dieser Nation sprach ich, über die mich ein kleines Gerüst erhob, von welcher mich eine Reihe Lampen trennte, deren Glanz und Dampf mich hinderte, die Gegenstände vor mir genau zu unterscheiden. Wie willkommen war mir der Klang des Beifalls, der aus der Menge herauf tönte; wie dankbar nahm ich das Geschenk an, das mir einstimmig von so vielen Händen dargebracht wurde! Lange wiegte ich mich so hin; wie ich wirkte, wirkte die Menge wieder auf mich zurück; ich war mit meinem Publikum in dem besten Einvernehmen; ich glaubte eine vollkommene Harmonie zu fühlen, und jederzeit die Edelsten und Besten der Nation vor mir zu sehen.

Unglücklicherweise war es nicht die Schauspielerin allein, deren Naturell und Kunst die Theaterfreunde interessierte, sie machten auch Ansprüche an das junge lebhafte Mädchen. Sie gaben mir nicht undeutlich zu verstehen, daß meine Pflicht sei, die Empfindungen, die ich in ihnen rege gemacht, auch persönlich mit ihnen zu teilen. Leider war das nicht meine Sache; ich wünschte ihre Gemüter zu erheben, aber an das, was sie ihr Herz nannten, hatte ich nicht den mindesten Anspruch; und nun wurden mir alle Stände, Alter und Charaktere, einer um den andern, zur Last, und nichts war mir verdrießlicher, als daß ich mich nicht, wie ein anderes ehrliches Mädchen, in mein Zimmer verschließen und so mir manche Mühe ersparen konnte.

Die Männer zeigten sich meist, wie ich sie bei meiner Tante zu sehen gewohnt war, und sie würden mir auch diesmal nur wieder Abscheu erregt haben, wenn mich nicht ihre Eigenheiten und Albernheiten unterhalten hätten. Da ich nicht vermeiden konnte, sie bald auf dem Theater, bald an öffentlichen Orten, bald zu Hause zu sehen, nahm ich mir vor, sie alle auszulauern. Und wenn Sie denken, daß vom beweglichen Ladendiener und dem eingebildeten Kaufmannssohn, bis zum gewandten abwiegenden Weltmann, dem kühnen Soldaten und dem raschen Prinzen, alle nach und nach, bei mir vorbeigegangen sind, und jeder nach seiner Art seinen Roman anzuknüpfen gedachte, so werden Sie mir verziehen, wenn ich mir einbildete, mit meiner Nation ziemlich bekannt zu sein.

Den phantastisch aufgestutzten Studenten, den demütig-stolz verlegenen Gelehrten, den schwankfüßigen genügsamen Domherrn, den steifen aufmerksamen Geschäftsmann, den derben Landbaron, den freundlich glatt-platten Hofmann, den jungen, aus der Bahn schreitenden Geistlichen, den gelassenen, so wie den schnellen und tätig spekulierenden Kaufmann, alle habe ich in Bewegung gesehen und beim Himmel – wenige fanden sich darunter, die mir nur ein gemeines Interesse einzuflößen imstande gewesen wären.

Ich wußte zuletzt nicht, wohin ich mich wenden sollte; sie dünkten sich zu klug, sich unterhalten zu lassen, und sie glaubten mich wundersam zu unterhalten, wenn sie an mir herumtätschelten. Ich fing an, sie alle von Herzen zu verachten, und es war mir eben, als wenn die ganze Nation sich recht vorsätzlich bei mir durch ihre Abgesandten habe prostituieren wollen. Sie kam mir im ganzen so linkisch vor, so übel erzogen, so schlecht unterrichtet, so leer von gefälligem Wesen, so geschmacklos. Oft rief ich aus: Es kann doch kein Deutscher einen Schuh zuschnallen, der es nicht von einer fremden Nation gelernt hat!

Sie sehen, wie verblendet, wie hypochondrisch ungerecht ich war, und je länger es währte, desto mehr nahm meine Krankheit zu. Ich hätte mich umbringen können; allein ich verfiel auf ein anderes Extrem; ich verheiratete mich oder vielmehr ich ließ mich verheiraten.

An ihrem Namenstag soupierte beim Fürsten eine kleine Gesellschaft von Verwandten und Freunden oder wie die Fürstin sich ausdrückte, „von intimsten Leuten". Allen diesen Verwandten und Freunden hatte man zu verstehen gegeben, daß sich an diesem Tage das Schicksal des Namenskindes entscheiden müsse.

9.

Mitten unter den nichtigen, dürftigen, von aller Natürlichkeit ent-
fernten Interessen, die in dieser Gesellschaft jeden mit dem andern
verbanden, war plötzlich ein natürliches, einfaches Gefühl auf-
getaucht: nämlich das Zueinanderstreben zweier wohlgeschaffener,
gesunder junger Menschen, eines Mannes und eines Weibes. Und
dieses so rein menschliche Gefühl besiegte alles andere und schwebte
über all dem künstlichen Geschwätz der anderen. Die Scherze waren
unfroh, die Neuigkeiten uninteressant, die herrschende Lebhaftigkeit
offensichtlich gezwungen.

Er fühlte, daß er der Mittelpunkt des Ganzen war, und dieses
Gefühl freute und beengte ihn gleichzeitig. Er befand sich im Zustande
eines Menschen, der ganz in die Beschäftigung vertieft ist, die er gerade vorhat. Darüber hinaus vermochte er nichts klar zu sehen, zu hören
und zu erfassen. Nur hin und wieder zuckten abgerissene Gedanken
und Eindrücke aus der Außenwelt flüchtig durch sein Inneres. „Also
jetzt ist alles entschieden", dachte er. „Und wie ist das nur gekommen?
Und so schnell! Jetzt weiß ich, daß dieses alles nicht nur um ihret-
willen, nicht nur um meinetwillen, sondern auch um aller anderen
willen unter allen Umständen geschehen muß. Sie alle erwarten dieses
mit einer solchen Gewißheit, sie sind so überzeugt davon, daß es
geschehen wird; und da kann und kann ich sie nicht enttäuschen.
Aber wie wird es sein? Ich weiß es nicht. Aber sein wird es, es wird ganz
bestimmt sein!" Und während ihm diese Gedanken durch den Kopf
gingen, ruhten seine Blicke auf ihren Schultern, die dicht vor seinen
Augen glänzten. Dann wieder überkam ihn ein plötzliches Scham-
gefühl. Es war ihm peinlich, daß er die Aufmerksamkeit aller anderen
auf sich allein gerichtet fühlte und von allen als Glückspilz angesehen
wurde.

Einige Gäste aus der allernächsten Verwandtschaft waren noch
geblieben und saßen im großen Salon. Fürst Wassilij kam langsam auf
ihn zugeschlendert. Er erhob sich und sagte, es wäre recht spät geworden. Fürst Wassilij sah ihn so streng und fragend an, als habe er etwas
ganz Sonderbares und völlig Unverständliches gesagt. Aber gleich darauf verschwand dieser Ausdruck wieder von seinem Gesicht. Fürst
Wassilij ergriff seine Hand und zog sie nach unten, drückte ihn wieder
in seinen Sessel zurück und lächelte freundlich.

„Das alles mußte eben so sein und nicht anders", dachte er. „Daher
gibt es da gar nichts zu fragen, ob es so gut oder schlecht ist. Gut ist es
schon deswegen, weil jetzt alles klar und bestimmt ist und der quälen-
de Zweifel von früher fort ist." Er hielt schweigend die Hand seiner

Braut in der seinen und blickte auf ihren auf- und niederwogenden schönen Busen.

„Bei solchen Gelegenheiten sagt man doch immer irgend etwas ganz Besonderes", dachte er. Aber er konnte sich in keiner Weise darauf besinnen, was man nun eigentlich bei solchen Gelegenheiten sagte. Er sah ihr ins Gesicht. Sie neigte sich ihm zu, und ihr Gesicht bedeckte sich mit Röte.

„Ach, nehmen Sie das da doch ab ... wie sagt man doch ... das da ...", sie zeigte auf die Brille. Er nahm die Brille ab, und nun hatten seine Augen jenen sonderbaren Ausdruck, den man immer bei Leuten wahrnimmt, die eine Brille zu tragen pflegen und sie abgenommen haben; aber über diesen sonderbaren Ausdruck hinaus lag in ihnen etwas Erschrockenes und Fragendes. Er wollte sich über ihre Hand beugen und sie küssen, aber sie erhaschte mit einer raschen und unvornehm wirkenden Kopfbewegung seine Lippen und brachte sie an die ihren. Ihr Gesicht überraschte ihn durch seinen veränderten unangenehm wirkenden Ausdruck von Verwirrung und Verstörtheit. „Jetzt ist es schon zu spät, alles ist entschieden; und ich liebe sie ja auch", dachte er.

„Je vous aime!" sagte er, nachdem ihm eingefallen war, daß das die Worte waren, die man bei solchen Gelegenheiten sagte. Aber es kam so dürftig heraus, daß er sich selber schämte.

Anderthalb Monate später fand die Trauung statt.

amen vergesse ich leider immer ...

Manchmal kann Kombinations-Intelligenz Gedächtnis-Lücken schließen

Wer hätte das noch nicht erlebt: man möchte einen Vorgang erzählen, an dem man beteiligt war, der einen aufgeregt hat – und plötzlich versagt das Gedächtnis. Zwar erinnert man sich an die Einzelheiten ganz genau, aber alle Namen sind „weg".

Richtig unangenehm daran: es wird leicht eine Kettenreaktion des Vergessens daraus. Auf dieser Vergeßlichkeits-Ebene ist also dieses Quiz angesiedelt. Es werden aus lauter weltberühmten oder sehr bekannten Dramen, Opern, Romanen und anderen epischen Werken ganz bestimmte Handlungs- und Situationszusammenhänge präzise mitgeteilt. Zahlreiche Informationen – Daten, Ortsangaben, wörtliche Zitate – stimmen genau, können auf die richtige Spur leiten.

Doch wer berichtet?

Die Pointe dieses Quiz: nicht die Haupt-Helden versuchen, sich zu erinnern, sondern irgendwelche Neben-Personen, die manchmal ganz zufällig in die Handlung hineingeschliddert sind; Nebenfiguren, die den Gesamtzusammenhang nicht kennen, die halt sehen, was sie sehen. Tom Stoppard hat aus dieser Perspektiven-Manipulation sein Schauspiel „Rosenkranz und Güldenstern" gemacht, wo diese beiden opportunistischen Freunde des Dänenprinzen in die „Hamlet"-Tragödie hineingeraten, sie aus ihrem Blickwinkel erleben und begreiflicherweise nicht begreifen.

Sehr schwer dürften wohl nur die Quiz-Fragen 5, 6 und 9 sein.

Rätsel 5 führt, ausnahmsweise, eine Figur vor, die in zwei höchst verschiedenen Werken unter gleichem Namen existiert. Und Rätsel 6 bezieht sich auf einen Text der deutschen Literatur, der immerhin millionenfach verbreitet und vielgeliebt war.

Hier wird keineswegs der ohnehin aussichtslose Versuch gemacht, den dichterischen Tonfall der jeweiligen epischen und dramatischen Werke nachzuahmen. Im Gegenteil: das, was die einzelnen Figuren vortragen, ist in moderne Umgangssprache transponiert. Trotzdem sind natürlich die entscheidenden Orts- und Zeitangaben authentisch, von den Zitaten zu schweigen.

Und nun viel Glück beim Rätseln. Zu erraten sind: 1. die Autoren, die die betreffenden Werke verfaßten; 2. die Titel der Werke; und 3. die Namen der Personen, die hier ihre Erinnerungen zum besten geben.

Noch eine Hilfe nötig? Nun, einer unserer Autoren lebt noch, etwa die Hälfte der fraglichen Werke wurde im 20. Jahrhundert verfaßt.

Die Lösungen finden Sie auf Seite 158/160.

Meine Herrin war jünger, als viele glauben. Sie genoß allseitige Verehrung. Dabei führte sie einen keineswegs völlig moralischen Lebenswandel – vielleicht, weil ihr Gatte sie oft allein ließ. Als ich ihr eines Morgens das Frühstück brachte, sie liebte Schokolade, lag ein Degen in ihrem Schlafzimmer herum; kaum hatte ich ihn erblickt, verschwand er. Irgend etwas stimmte nicht. Doch mir war es gleich. Ich verneigte mich und trippelte aus dem Schlafzimmer.

Am Ende dieses Vormittages schien meine schöne Herrin etwas traurig, sie gab mir ein Saffian-Futteral, sagte: „Der Herr Graf weiß ohnehin" und schickte mich fort.

Später mußten wir dann in ein unseriöses Beisl. Die Sittenpolizei war da, die Herrin wirkte wieder etwas traurig. Dann mußte ich noch ein verlorenes Taschentuch holen, was immer großes Vergnügen bereitet.

Bevor ich wieder in die Wüste ging, habe ich geradezu Karriere gemacht. Aber ich habe mich dadurch nicht blenden lassen. Kein Mensch muß müssen, was er nicht will.

Die Idee, daß ein Bettler besonders gut wisse, wie es Bettlern zumute ist, und mich darum zum Schatzmeister zu ernennen, mag ja an sich vernünftig gewesen sein. Doch nützt es etwas, ein Menschenfreund an einzelnen zu sein, während Hunderttausende leiden? Ist es nicht Selbstbetrug, diese Almosen-Verteilerei zum Vorwand für ein gutes Gewissen zu nehmen? Selbst wenn die Schatzkammern darüber leergeworden sind?

Mein Freund, den ich wegen dieser Aktionen anpumpen wollte, war reich, trotzdem nett. Dem schien es gleichgültig zu sein, ob ich eine gute Position hatte oder nicht. Wir liebten beide das Schachspiel.

Und ich erinnere mich, daß er mir meine Skrupel freundlich ausreden wollte, obwohl er selber von längerer Reise heimgekehrt, einigermaßen verwirrte Familienverhältnisse vorfand: Brand im eigenen Haus, die Tochter wäre um ein Haar dabei ums Leben gekommen, der Retter hatte Vorurteile, und es war schon verdammt viel Weisheit nötig, das alles irgendwie bedeutungsvoll ins reine zu bringen.

3.

Als ich ein junges Mädchen war, wurde ich streng behandelt. Viel Arbeit, nachts durfte ich nicht aus dem Haus, von wegen Schmusen in dunklen Gängen, Geplauder mit dem Liebsten. Andererseits war meine Mutter ganz gut beraten, daß sie mich so strenge hielt. Ich erinnere mich noch, wie schadenfroh ich war, als ich von einer Freundin erfuhr, was einer anderen Freundin passiert war. Wenn wir uns beim Wasserholen trafen, wurde über alles das geplaudert. Als die Schwangerschaft ans Licht gekommen war, erzählte ich meiner Freundin schadenfroh davon, ich wußte ja, wie akkurat sie auch gehalten wurde: Hausputz, Sorge ums Schwesterchen, alles mußte sie machen. Aber die reagierte anders als sonst. Schien bedrückt, mochte nicht mitspotten, hoffte idiotischerweise sogar, die Sünderin würde geheiratet. Na ja, später wurde mir dann klar, warum sie sich so mitleidig geäußert hatte. Sie war ja längst auch hereingefallen.

4.

Ich war pensioniert, und darum eigentlich ganz froh, allabendlich an einer kleinen Feier teilnehmen zu dürfen. Ein Kaplan, der sich offenbar wie ein „Prolet im Priestergewande" benommen hatte, und gegen den dann auch ein Prozeß wegen Vernachlässigung seelsorgerischer Pflichten angestrengt worden war, hatte vorher meine Funktion ausgeübt. Die Feier selber, mit strenger Regelmäßigkeit stattfindend, dauert etwa 38 Minuten. Darüber, daß sie jahreszeitlich gebunden ist, muß man sich hinwegsetzen; für Nachschub an Kerzen, Spekulatius, Marzipan und so weiter ist gesorgt. Und ich erwarte vierteljährlich eine kleine Aufmerksamkeit, was diese reiche rheinische Familie schwerlich in Verlegenheit bringt. Ob die anderen Mitwirkenden genauso viel Gefallen an der Veranstaltung finden, weiß ich nicht, einmal hatte einer Ringelsocken an. Jedenfalls: Die Feier wird fortgesetzt.

Sie kamen zu zweit, sprachen über Castor und Pollux, den Großen
Bären, Jerusalem, den Aufstieg. Ich lud sie zum Sitzen ein, so wie ich
dasaß, die Arme um die Knie und zwischen diesen den Kopf.

Früher war ich Handwerker gewesen. Seitdem weiß ich, daß es
töricht wäre, es sich nicht so bequem wie möglich zu machen.

Aber als ich bemerkte, daß die beiden über meine Bequemlichkeit
grinsten und spöttelten, gönnte ich ihnen einen knappen Blick und
sagte, sie könnten ruhig weiter hinaufsteigen, sie seien ja kräftig. In
meinem Fall hätte es sowieso keinen Sinn. Vielleicht hilft Gebet. – Ich
bin übrigens neuerdings auch Feinschmecker. Dies allerdings in einer
Stadt, in der ich gelegentlich über mich selber nachlese. Da lebte ich,
eine komische Figur, meist krank (Fußbeschwerden) und niederge-
schlagen, literarischen Studien obliegend.

Sagen wir im Winter, damit die Dämmerung nun hereinbrechen
und ein Mond aufgehen kann, näherte ich mich dem Haus meiner
Tante zum Hummer-Essen. Ich sah den Hummer, er war lebendig.
Die Tante fand das ganz selbstverständlich: „Hummer werden immer
lebendig gekocht. Sie müssen es ... Sie fühlen nichts." In den Tiefen
des Meeres war der Hummer in den grausamen Korb gekrochen.
Stundenlang hatte er, inmitten seiner Feinde, heimlich geatmet. Jetzt
kam er lebendig in kochendes Wasser. „Du stellst Dich an", sagte die
Tante, „und regst mich auf, und dann stürzt Dich drauf, beim Essen."
Sie hob den Hummer vom Tisch. Er hatte noch etwa 30 Sekunden zu
leben. Nun ja, dachte ich, es ist ein rascher Tod.

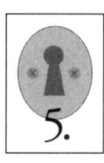

Nach drei anstrengenden Tagen war ich etwas müde, etwas welk
geworden. Doch als mich mein deutscher Freund nach meiner Mutter
fragte, da kam mir das Sprechen und Lachen wieder. Und wir alle, ob
aus Frankreich oder aus Burgund, aus den Niederlanden, aus Kärnten
oder Böhmen, hatten das Gefühl, es gäbe nur eine Mutter. Dann
wollte mein Freund von mir wissen, warum ich eigentlich diese
anstrengende Reiterei auf mich nähme. Wie jung der noch war, ganze
18 Jahre! Lächelnd sagte ich: „Um wiederzukehren." Da wirkte er ganz
ergriffen. Als wir uns verabschiedeten, reichte ich ihm ein Rosenblatt.
Er sah mich an, als ob ich eine Hostie bräche.

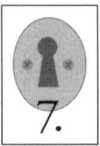

Ich denke nicht daran, mich einzumischen, wenn der Chef schreit. Als die Herren zur Monatsuntersuchung kamen, war der Chef schon matt und ließ eine recht schlaffe Laune merken. Melancholie, allgemeinen Verzicht. Wahrscheinlich hatte er geraucht. Außerdem hatte es Ärger gegeben. Irgendwelche libidinösen Affären in der Anstalt.

Fabelhaft, wie der Alte ganz mechanisch untersuchen und dabei, ohne irgend etwas zu überhören, von anderen Dingen reden konnte. Aber diesmal ging es nicht lange gut. Der eine widersprach entschieden dem ärztlichen Ratschlag. Und der andere sagte sogar: „Das ist vielleicht im Augenblick nicht Ihr voller Ernst." Da fing der Alte an zu toben. Es war Jähzorn. Er sei kein Hüttchenbesitzer, sondern ein Diener der leidenden Menschheit, schrie er. Dann rauschte er fort und warf die Tür hinter sich zu. Die beiden blickten ratsuchend auf mich. Aber ich dachte nicht daran, irgendwie Partei zu ergreifen. Es hätte mir doch entweder das Wohlwollen der Patienten oder des Chefs gekostet.

Zuerst die furchtbare Erfahrung mit der Tochter, jetzt der beängstigende lange Brief des Sohnes. Der Junge ist wahnsinnig. Und in was für Kreise er sich begeben hat! Schauspielunterricht will er nehmen, Künstler will er werden. Es ist die lasterhafte Großstadt, die ihn verrückt machte. Gestern nacht noch wurde ich alter Mann hier unzüchtig angesprochen, ob der Herr vielleicht etwas Pikantes will? Zwei meiner acht Kinder bereiten mir eine so strenge Prüfung. Und der Mann, dem mein Sohn sich anvertraut zu haben scheint, wird unverschämt. Dabei habe ich ihm nur das Photo irgendeines Nähmädchens oder einer obskuren Kellnerin gezeigt, die meinen Jungen verführte. In solchem Schmutz wälzt sich mein Sohn. Daß ich, nach derartigen Unglücksnachrichten, auch noch feindselig behandelt werde, begreife ich nicht. Wahrscheinlich ist dieser Ton in solchen Kreisen üblich.

Alles braucht man sich ja auch nicht gefallen zu lassen. Ich hatte bei ihm sehr höflich Aufwartung gemacht, ihm meine Hochachtung versichert und ihm meine Freundschaft angetragen. Schon da fiel mir seine völlig unbegründete Zurückhaltung auf. Und als ich ihm dann mein „Hoffnungs-Sonett" vortrug, eine kleine, aber doch sehr zarte, leichte, gefühlvolle Arbeit, an die ich kaum eine Viertelstunde verwendet habe, da hat mich dieser kleine Herr ganz unverschämt beleidigt. Er nannte meine Verse allen Ernstes maniert, gespreizt, unnatürlich, so als wäre sein Urteil unfehlbar. Er hatte die Stirn, mir anzudeuten, schlechte Poesie sei überhaupt nur verzeihlich, wenn der Autor sie wegen des Lebensunterhaltes verfaßt habe. Und er entblödete sich nicht, als Gegenbeispiel irgendein ordinäres, albern-treuherziges Liedchen herzusagen, altmodisches Zeug, ohne jeden künstlerischen Wert.

Aber jetzt kann ich ihn dafür der Autorschaft an einem scheußlichen Text bezichtigen, den im Grunde kein anderer als er verfaßt haben dürfte. Hoffentlich kommt der Bursche auch auf diese Weise hinter Schloß und Riegel. Ich gelte schließlich bei Hofe als verläßlicher Ehrenmann.

Um zehn Uhr sah ich zum erstenmal nach dem rechten. Alles wie immer. Der Witwer wollte wohl noch im Freien arbeiten, und da sich niemand darüber beschwert, die Nachbarn sind es gewohnt, lasse ich es natürlich auch zu. Ich sah gerade noch, wie ein Pärchen Abschied nahm. Er schien sich hinter der Linde zu verstecken. Sonst nichts Neues. Musizierend zog ich meines Wegs.

Als ich eine Stunde später wiederkam, war ich beunruhigt. Glaubte ich doch, daß in dieser Gasse Lärm entstanden sei, wie von einer Schlägerei oder Rauferei oder Prügelei. Wie man sich täuschen kann. Als ich im vollen Licht des Mondes durch Straßen und Gasse schritt, war nach wie vor alles leer, die Haustüren geschlossen, die Fenster zu. Lobet Gott, den Herrn!

äßliche und andere Deutsche

13 Charakteristiken, 13 Spiegel zum Hineinschauen und Erkennen

Immer wieder, wenn unsere Währung ziemlich hart bleibt und unser Kanzler entsprechend mit einigen lieben Nachbarvölkern ins Gericht geht, da wird sie wieder einmal laut, die Wendung vom „häßlichen Deutschen". Gewiß, nicht alle freund-feind-nachbarlichen Deutschlandbeobachter belegen uns mit diesem häßlichen Schlagwort, aber wo immer es ertönt, da greifen wir es eilig auf, da fragt man sich hierzulande – vorbildlich selbstkritisch, verhärmt, masochistisch –, warum uns denn so wenig Liebe entgegenschlage? Und ob wir soviel Strenge eigentlich verdient hätten.

Nun hat die Formel vom häßlichen Deutschen in unserem Zeitalter weder Premiere gehabt, noch handelte es sich (was gilt die Wette?) um ihre letzte Vorstellung. Thema, Quiz-Thema: Wie häßlich sind wir eigentlich, in unserer Literatur und in der des Auslands?

Das folgende Quiz enthält – aus Dramen, Gedichten, Romanen, Essays, Gesprächen, Reisetagebüchern zitiert – mannigfache Aussagen über Deutschland und die Deutschen. Übrigens kommen wir keineswegs unbedingt schlechter weg bei „fremden" und besser bei unseren eigenen Autoren. Montaigne zum Beispiel sieht mehr Positives in unserem Nationalcharakter als Seume, und Shaw urteilt freundlicher als Goethe.

Zu erraten wäre

1. Aus welchem Land stammt der Verfasser des Zitats?

2. Wer war der Autor?

3. Welchem Werk sind die Ausschnitte entnommen?

Bei der Auflösung wünschen wir, so etwas gibt es nämlich, unseren Lesern viel selbstkritischen Spaß.

Die Lösungen finden Sie auf S. 160/161.

Deutscher Ehemann gefällig?

NERISSA: Wie gefällt euch der junge Deutsche, des Herzogs von Sachsen Neffe?
PORZIA: Sehr abscheulich des Morgens, wenn er nüchtern ist; und höchst abscheulich des Nachmittags, wenn er betrunken ist. Wenn er am besten ist, so ist er wenig schlechter als ein Mann, und wenn er am schlechtesten ist, wenig besser als ein Vieh. Komme das Schlimmste, was da will, ich hoffe, es soll mir doch glücken, ihn loszuwerden.

Auch nicht sehr reizvoll: die züchtige Hausfrau

Halberstadt, den 7. Juli 1807
Hier werden die Ehemänner nicht betrogen, das ist wahr; aber ihr Götter, was sind das für Frauen! Steinbilder, kaum belebte Wesen. Vor der Heirat sind sie sehr anmutig, flink wie Gazellen, und ihre lebhaften gefühlvollen Augen verstehen alle Anzeichen der Liebe. Denn sie sind auf der Jagd nach dem Gatten. Kaum haben sie diesen gefunden, so sind sie wirklich nichts anderes mehr als, in ununterbrochener Anbetung des Erzeugers, Gebärerinnen. Es ergibt sich, daß in einer Familie mit vier oder fünf Kindern immer eines krank ist, denn die Hälfte der Kinder stirbt vor dem siebenten Jahr, und sowie eines der Kleinen krank ist, geht nach Landesbrauch die Mutter nicht aus dem Hause. Ich bemerkte, daß die Frauen ein unsagbares Vergnügen daran finden, von ihren Kindern liebkost zu werden. Nach und nach verlieren sie jeden Gedankenflug. Es ist wie in Philadelphia. Junge Mädchen von ausgelassener, unschuldiger Fröhlichkeit werden in weniger als einem Jahr die langweiligsten Frauen. Um ein letztes über die Ehe im protestantischen Deutschland zu sagen, so ist die Mitgift der Frauen infolge des Lehnsrechts gleich Null. Die Entschädigung für die Mitgift ist der Dünkel der Hoffähigkeit. – Man könnte, sagte mir Mermann, in der Bürgerschaft Partien mit hundert- oder hundertfünfzigtausend Talern (sechshunderttausend Franken anstatt fünfzehn) finden. Aber man darf dann nicht mehr bei Hofe erscheinen, man ist von jeder Gesellschaft, in der ein Prinz oder eine Prinzessin verkehrt, ausgeschlossen. „Das ist schrecklich!" waren seine Worte, und sie kamen aus dem Herzen.

Berlin, wohlorganisiert

Es ist in Berlin nicht erlaubt, unstabile, unsichere und häßliche Häuser zu bauen; diese ansehnliche und auffallend prächtige Stadt mit ihrer Sicherheit vor Feuersbrünsten und Einstürzen ist das Ergebnis. Sie ist aus architektonischen Gibraltars erbaut. Die Bauaufseher inspizieren, während der Bau hochgezogen wird. Man ist dahintergekommen, daß das besser ist, als zu warten, bis er einstürzt. Diese Leute stecken voller launischer Einfälle.

Alles geht geregelt zu. Die Feuerwehr marschiert, merkwürdig uniformiert, in Reih und Glied, und ihr Auftreten ist so feierlich, daß sie aussieht wie eine Heilsarmee mit erwachtem Sündengefühl. Mir haben die Leute erzählt, daß sich die Feuerwehrleute, wenn Alarm geschlagen wird, gelassen versammeln, bei ihrem Namen antworten, wenn die Anwesenheit festgestellt wird, und dann zum Brand ausrücken. Dort läßt man sie wieder nach militärischer Art antreten, und dann werden sie vom Hauptmann zu Abordnungen abgezählt, und er teilt auch den Abordnungen die verschiedenen Teilaufgaben zu, die sie in Angriff nehmen sollen, um den Brand zu löschen. All dies wird mit leisem Anstand besorgt, und der Fremde glaubt, die Männer arbeiten an einer Beerdigung. In der Regel beschränkt sich in diesen großen Massen von Ziegeln und Mauerwerk das Feuer auf eine einzige Etage, und demzufolge haben die Hausbewohner kein oder nur geringes Interesse am Brand.

Mini-Gott in Frankreich

Nein, die Deutschen sind nicht durch die Straßen gegangen, das Gewehr im Anschlag. Nein, sie haben keine Zivilisten gezwungen, aus dem Weg zu gehen – den Gehweg freizugeben, wenn sie daherkamen. In der Métro boten sie alten Damen ihren Platz an. Sie wurden beim Anblick von Kindern leicht sentimental und tätschelten ihnen die Wangen. Sie waren dazu angehalten worden, sich anständig zu benehmen, und das taten sie: schüchtern und beflissen, einfach aus Sinn für Disziplin. Manchmal bewiesen sie sogar einen naiven guten Willen – der doch nicht in die Tat umgesetzt werden konnte.

Auch soll man nicht glauben, die Franzosen hätten sie mit vernichtender Verachtung angesehen. Sicher, die große Mehrheit der Bevölkerung vermied jeden Kontakt mit der deutschen Armee. Aber man darf nicht vergessen, daß die Okkupation eine alltägliche Sache war. Danach befragt, was er unter dem Terrorregime gemacht habe, hat jemand geantwortet: „Man hat gelebt." Eine Antwort, wie wir sie heute alle geben könnten.

Was ihre Harmlosigkeit allerdings auf die Spitze trieb, war ihre völlige Unkenntnis unserer Sprache. Unzählige Male habe ich Pariser in den Cafés ungehemmt ihre politische Meinung verkünden hören, während in zwei Metern Entfernung ein Deutscher mit vagem Blick in den Augen, ein Glas Limonade vor sich, einsam an einem Tisch saß. Für uns gehörten sie eher zur Einrichtung, als daß sie Menschen waren. Und jedesmal, wenn sie uns mit ausgesuchter Höflichkeit auf der Straße anhielten und nach dem Weg fragten (für die meisten von uns das einzige Mal, daß wir mit ihnen sprachen), empfanden wir nicht so sehr Haß als Unbehagen.

Unheimlicher Osten

„Achtung jetzt! In Preußens Himmel
dreimal Feuer, Batterie!"
Sechzig Mann, vom Wind gegerbte,
braungebrannte, grimmig froh.
In die Wagen! Losgefahren!
Auf Europa – mit Hurra!
Von dem Feind – nichts mehr zu sehen,
nichts zu hören – aufgelöst.
Haben ihn zerrupft, zerschmettert,
und nun geht es ganz, ganz weit! ...
Doch ist uns nicht ganz geheuer,
wird das Herz auch nicht recht froh.
Aus der Ferne fremd und seltsam,
aus der Nähe – noch mehr so:
Welch ein Land! Ganz unverständlich!
Alles anders als bei Menschen,
als in Polen, als daheim.
Keine strohgedeckten Häuser,
selbst die Schuppen, wie Palais.
Wie von Zauberhand verwandelt,
windet sich die Straße fern,
auf einem ganz unbekannten,
einem fremden, neuen Stern.
Und schon gar nicht Rußlands Marke

sind die Dächer, hoch und steil,
die den Häusern giebelspitzig,
grad wie Hauben aufgestülpt.
Dabei stünde uns dies alles
auch gut an; zu eilig wohl,
fluchten wir erst angeödet:
Wo man hinsieht, immer Ziegel,
spitze Türme, Schlösser, Giebel,
ewig Backstein überall!
Wär doch auch bei uns nicht übel!
Wär's doch auch nach unserem Sinn:
Dörfer stets nur an Chausseen
und kein Dorf – ohne Chaussee.
Tief über dem Forste hängend,
ziehen dunkle Wolken auf.
Winterliches Abenddämmern
legt sich düster auf das Herz.
Kurz der Tag, die Nächte ewig.
He, was zittert dort im Dickicht?
Deutsche, was? Ist doch unheimlich,
alles so verdächtig leer ...

Komplott, KZ, Kulturvolk

Amtsrichter Stabel ist fanatisch, ja phantastisch in seinem Haß auf Deutschland, er glaubt fest wie das Senfkorn in der Bibel an das edle und reine Recht der Alliierten, die deutsche Nation zu zerstören und sie von der Erde zu vertilgen.

Er fragte, was ich von dem nationalsozialistischen Kreis halte, in den ich hier in Grimstad gekommen sei.

Ich antwortete, daß bessere Leute als ich in diesem Kreise waren. Aber ich verschwieg, daß nicht weniger als vier Ärzte darin sind, um nur eine Kategorie zu nennen.

Es hörte sich an, als sei ich im großen und ganzen zu gut dafür, an dem nazistischen Komplott beteiligt zu sein.

Es sind auch Richter dabei, sagte ich.

Ja leider. Und wie stünde ich nun zu den Greueltaten der Deutschen in Norwegen, die jetzt an den Tag gekommen seien?

Da der Polizeichef mir verboten hätte, Zeitungen zu lesen, wüßte ich davon nichts.

Wußte ich nichts von den Morden, dem Terror, der Tortur?

Nein. Ich las nur kurz vor meiner Festnahme ein paar Andeutungen.

Ja, ein Halunke mit Namen Terboven, der seine Aufträge direkt von Hitler empfing, peinigte und schlachtete das norwegische Volk fünf Jahre lang. Aber Gott sei Dank, wir andern hielten aus. Finden Sie, daß die Deutschen ein Kulturvolk sind?

Ich antwortete nicht.

Er wiederholte seine Frage.

Ich sah ihn an und antwortete nicht.

Vaterland der Halbheiten

Es ist mir seit langer Zeit ein etwas trauriger Gedanke, ein Deutscher zu seyn; und doch möchte ich wieder meine väterliche Nation mit keiner andern vertauschen. Wir haben seit Karl dem Großen in unserem Vaterlande ein so sonderbares Gewebe von Halbgerechtigkeit, Halbfreiheit, Halbvernunft und überhaupt von Halbexistenz gehabt, daß sich die Fremden bei näherer Einsicht schon oft gewundert haben, wie wir noch so lange politisch lebten. Die Krisen waren häufig, und sind jetzt gefährlicher als jemals. So lange wir verhältnismäßig noch Kraft und Stempel in Sitten und Verfassung hatten, oder vielmehr, so lange unsere Nachbarn um uns her auch noch im Chaos lagen, hielten wir uns noch mit Anstand und Würde. Der dreißigjährige Krieg war die erste unserer großen lethalen Nationalthorheiten. Wir wollen den Fürsten nicht vorzugsweise die Last des Unheils aufbürden: denn wo das Volk zur Entscheidung kam, ging es verhältnismäßig nicht besser; das zeigt die alte und neuere Geschichte. Alle tragen ihren Theil der Schuld.

Spezialistische Unnatur

Es ist ein hartes Wort, und dennoch sag' ich's, weil es Wahrheit ist: ich kann kein Volk mir denken, das zerrißner wäre, wie die Deutschen. Handwerker siehst du, aber keine Menschen, Denker, aber keine Menschen, Priester, aber keine Menschen, Herrn und Knechte, Jungen und gesetzte Leute, aber keine Menschen – ist das nicht wie ein Schlachtfeld, wo Hände und Arme und alle Glieder zerstückelt untereinander liegen, indessen das vergoßne Lebensblut im Sande zerrinnt?

Ein jeder treibt das Seine, wirst du sagen, und ich sag' es auch. Nur muß er es mit ganzer Seele treiben, muß nicht jede Kraft in sich ersticken, wenn sie nicht gerade zu seinem Titel paßt, muß nicht mit dieser kargen Angst buchstäblich heuchlerisch das, was er heißt, nur sein; mit Ernst, mit Liebe muß er das sein, was er ist, so lebte ein Geist in seinem Tun, und ist er in ein Fach gedrückt, wo gar der Geist nicht leben darf, so stoß' er's mit Verachtung weg und lerne pflügen! Deine Deutschen aber bleiben gerne beim Notwendigsten, und darum ist bei ihnen auch so viele Stümperarbeit und so wenig Freies, Echterfreuliches. Doch das wäre zu verschmerzen, müßten solche Menschen nur nicht fühllos sein für alles schöne Leben, ruhte nur nicht überall der Fluch der gottverlaßnen Unnatur auf solchem Volke.

Gezähmte, unjunge Jugend

Das Glück der persönlichen Freiheit, das Bewußtsein des englischen Namens und welche Bedeutung ihm bei andern Nationen beiwohnt, kommt schon den Kindern zugute, so daß sie sowohl in der Familie als in den Unterrichtsanstalten mit weit größerer Achtung behandelt werden und einer weit glücklich-freiern Entwicklung genießen als bei uns Deutschen ...

„Ich brauche nur in unserem lieben Weimar zum Fenster hinauszusehen, um gewahr zu werden, wie es bei uns steht. Als neulich der Schnee lag und meine Nachbarskinder ihre kleinen Schlitten auf der Straße probieren wollten, sogleich war ein Polizeidiener nahe, und ich sah die armen Dingerchen fliehen, so schnell sie konnten. Jetzt, wo die Frühlingssonne sie aus den Häusern lockt und sie mit ihresgleichen vor ihren Thüren gern ein Spielchen machten, sehe ich sie immer genirt, als wären sie nicht sicher und als fürchteten sie das Herannahen irgendeines polizeilichen Machthabers. Es darf kein Bube mit der Peitsche knallen, oder singen, oder rufen, sogleich ist die Polizei da, es ihm zu verbieten. Es geht bei uns alles dahin, die liebe Jugend frühzeitig zahm zu machen und alle Natur, alle Originalität und alle Wildheit auszutreiben, so daß am Ende nichts übrigbleibt als der Philister.

Wenn ich sagen sollte, daß ich an den persönlichen Erscheinungen, besonders junger deutscher Gelehrten aus einer gewissen nordöstlichen Richtung, große Freude hätte, so müßte ich lügen. Kurzsichtig, blaß, mit eingefallener Brust, jung ohne Jugend, das ist das Bild der meisten, wie sie sich mir darstellen. Von gesunden Sinnen und Freude am Sinnlichen ist bei ihnen keine Spur, alles Jugendgefühl

und alle Jugendlust ist bei ihnen ausgetrieben, und zwar unwieder-
bringlich; denn wenn einer in seinem zwanzigsten Jahre nicht jung ist,
wie soll er es in seinem vierzigsten sein!"

Die Versuchung der höheren Triebe

Der Durchschnittsmensch ist nirgends beliebt, und da kein Deutscher
sich für einen Durchschnittsmenschen hält, wird jeder Leser, als ein
Ausnahmemensch, mit meiner Abneigung gegen den großen Haufen
sympathisieren. Und wenn ich den typischen modernen Deutschen
nicht lieben kann, so kann ich ihn doch wenigstens bedauern und
begreifen. Sein schlimmster Fehler besteht darin, daß er nicht verstehen kann, daß es möglich sei, von einer guten Sache zuviel zu
haben. Überzeugt, daß Pflicht, Fleiß, Erziehung, Treue, Patriotismus
und Achtbarkeit gute Dinge sind (und ich bin großmütig genug, zuzugeben, daß es ganz und gar nicht schlimme Dinge sind, wenn man
sie mit der nötigen Mäßigkeit zur richtigen Zeit und am richtigen
Orte nimmt), schwelgt er in ihnen bei allen Gelegenheiten schamlos
und ausschweifend. Er begeht widerliche Verbrechen, wenn ihm das
Verbrechen als Teil seiner Pflicht vorgehalten wird; seine Arbeitssucht
ist verderblicher als seine Trunksucht.

Nun behaupte ich durchaus nicht, selbst vollkommen zu sein.
Gott weiß, ich muß täglich hart genug gegen das ankämpfen, was die
Deutschen meine höheren Triebe nennen. Ich kenne nur zu gut die
Versuchung, moralisch, selbstaufopfernd, loyal, patriotisch und acht-
bar zu sein und in gutem Geruch zu stehen. Aber ich ringe mit diesen
Dingen und besiege sie, soweit menschliche Schwäche es gestattet;
während der Deutsche sich ihnen ohne Skrupel und Nachdenken
überläßt und tatsächlich stolz auf seine fromme Unmäßigkeit und
Selbstzufriedenheit ist. Nichts wird ihn von dieser Manie heilen.
Selbst die Sozialdemokraten unterscheiden sich von den übrigen
Deutschen nur darin, daß sie akademische Strenggläubigkeit über alles
menschliche Ertragen hinaus üben – sogar über deutsches Ertragen
hinaus.

Unsere gute Küche

Wir wohnten in dem schönen Gasthof zur Krone. Zu Möbeln und
Getäfel wird Tannenholz verwendet, die gewöhnlichste Holzart ihrer
Wälder. Aber sie färben und firnissen es sorgfältig und reinigen Bänke

und Tische mit besonderen Bürsten. Es gibt eine Menge Sauerkraut; sie hacken die Krautköpfe klein mit einem besonderen Gerät; dann wird es in Zubern eingesalzt und gibt den ganzen Winter über Krautsuppen. – Man muß schon heikel sein, wenn man sich über das Übernachten in Deutschland beschwert. Wer in seinen Reisekoffern eine Matratze, die man dort nicht kennt, und einen Betthimmel mitnehmen würde, könnte nichts mehr aussetzen. Der Deutsche kann es nicht aushalten, auf einer Matratze zu schlafen, der Italiener nicht auf Federn und der Franzose nicht ohne Vorhang und Feuerung. Im Punkt der Bewirtung sind sie so üppig und abwechslungsreich in den Gängen: Suppen, Saucen, Salate aller Art, und das alles in den guten Gasthäusern so wohlschmeckend, daß kaum die Küche des französischen Adels daneben aufkommen kann. Das gleiche gilt vom Schmuck der Säle.

Dreierlei bedauerte Herr ... auf seiner Reise. Einmal, daß er nicht einen Koch mitgebracht hatte, um ihn die deutsche Küche studieren und dann zu Hause erproben zu lassen. Sodann, daß er nicht einen deutschen Diener genommen oder die Gesellschaft eines einheimischen Edelmanns gesucht hatte; denn auf so einen liederlichen Führer angewiesen zu sein, empfand er als großen Übelstand. Drittens, daß er nicht vor der Reise Bücher angesehen hatte, die ihn auf die seltenen und merkwürdigen Sachen an jedem Ort aufmerksam machten.

Wenn wir erst revoltieren

Der Gedanke geht der Tat voraus, wie der Blitz dem Donner. Der deutsche Donner ist freilich auch ein Deutscher, und ist nicht sehr gelenkig, und kommt etwas langsam herangerollt; aber kommen wird er, und wenn ihr es einst krachen hört, wie es noch niemals in der Weltgeschichte gekracht hat, so wißt: der deutsche Donner hat endlich sein Ziel erreicht. Bei diesem Geräusche werden die Adler aus der Luft tot niederfallen, und die Löwen in der fernsten Wüste Afrikas werden die Schwänze einkneifen und sich in ihren königlichen Höhlen verkriechen. Es wird ein Stück aufgeführt werden in Deutschland, wogegen die Französische Revolution nur wie eine harmlose Idylle erscheinen möchte. Jetzt ist es freilich ziemlich still; und gebärdet sich auch dort der eine oder der andere etwas lebhaft, so glaubt nur nicht, diese würden einst als wirkliche Akteure auftreten. Es sind nur die kleinen Hunde, die in der leeren Arena herumlaufen und einander anbellen und beißen, ehe die Stunde erscheint, wo dort die Schar der Gladiatoren anlangt, die auf Tod und Leben kämpfen sollen.

Einst im Bierkeller zu Göttingen äußerte ein junger Altdeutscher, daß man Rache an den Franzosen nehmen müsse für Konradin von Staufen, den sie zu Neapel geköpft. Ihr habt das gewiß längst vergessen. Wir aber vergessen nichts. Ihr seht, wenn wir mal Lust bekommen, mit euch anzubinden, so wird es uns nicht an triftigen Gründen fehlen. Jedenfalls rate ich euch daher, auf eurer Hut zu sein. Es mag in Deutschland vorgehen, was da wolle, es mag der Kronprinz von Preußen oder der Doktor Wirth zur Herrschaft gelangen, haltet auch immer gerüstet, bleibt ruhig auf eurem Posten stehen, das Gewehr im Arm. Ich meine es gut mit euch, und es hat mich schier erschreckt, als ich jüngst vernahm, eure Minister beabsichtigten, Frankreich zu entwaffnen.

Münchens leuchtende Lebensart

Der Kopf dreht sich ihm von dem ganzen wirren Festtrubel, und diese letzte Vorführung – der Höhepunkt eines endlosen Programms von Ungeheuern und tierischen Sensationen – flößte ihm irgendwie Entsetzen ein. Einen Augenblick kam es ihm so vor, als sei in den Menschen von Natur aus etwas Böses, das selbst ihre primitivsten Vergnügungen verdüsterte und befleckte.

Die Deutschen schoben sich langsam und geduldig vorwärts in dem erschreckenden Massenbetrieb, der zum Wesen ihres Lebens zu gehören scheint; sie fügten sich höchst befriedigt der Bewegung der Menge, gaben sich selbst auf und wurden ein Teil der großen Bestie, die sie umgab. Ihre schwerfälligen Körper drängelten und stießen rauh und linkisch aneinander, aber darin lag nichts Unfreundliches. Sie johlten sowohl ihren Bekannten wie fremden Menschen zu, begrüßten einander und machten Witze, während sie, Männer wie Frauen zu sechst oder acht in langen Reihen eingehakt, dahinzogen...

Was hatte er getan? In seiner Erinnerung waren die Geschehnisse nur vage-verwirrte, bruchstückhafte Zerrbilder wie in einem Alptraum. Er wußte, daß er wieder auf dem Oktoberfest gewesen war und dort Liter auf Liter des kalten, köpfenden Oktoberbieres in sich hineingeschüttet hatte, bis er so berauscht gewesen war, daß die tausend biergeröteten Gesichter in der stinkenden, verqualmten Luft um ihn herum zu phantastischen Gespenstern geworden waren. Wieder hatte sich alles in lärmendem Tumult von den Plätzen erhoben, wieder hatte man Arm in Arm mit erhobenen Maßkrügen geschunkelt, wieder das rhythmische Hin und Her, während die Kapelle „Ein Prosit!" schmetterte. Wieder der rituelle Zauber dieses schwankenden, brüllenden Menschenkreises, der brüllende Chor in der großen düsteren Halle; wieder das Bild der wilden Gesichter im alten, dunklen Walde einer barbarischen Zeit, und wieder die plötzliche, herzbeklemmende Angst vor den Barbaren. Und dann? Er wußte es nicht. Hatte er in jenem Augenblick trunkener Angst den schweren Maßkrug erhoben und ihn in das Schweinsgesicht, in die roten Schweinsäuglein des ungeschlachten Burschen neben sich geschleudert? Er wußte es nicht – aber eine Schlägerei hatte es gegeben – Mord und Totschlag, fliegende Maßkrüge und blitzende Messer, die blindwütige Raserei des roten, biertrunkenen Zornes. Und nun lag er mit bandagiertem Kopf im Krankenhaus, lag auf dem Rücken und lauschte, lauschte dem Regen.

er ist sie – wer ist er?

Liebe und Ehe im deutschen Drama

Die etwas konfuse, deshalb gewiß nicht untypische, sondern in ihrer Art sogar konsequente Liebes- und Ehegeschichte, die wir hier mitteilen, hat neun Autoren und vierzehn Mitwirkende. Jeder eifrige Theaterabonnent oder fleißige Dramen-Leser dürfte einige der Beteiligten sofort wiedererkennen; die übrigen wären dann zu erraten. Als Hilfestellung seien folgende Tips gegeben: die hier so aufgeregt Liebenden und Leidenden entstammen sämtlich der deutschsprachigen Dramatik. Wir haben also keine einzige Übersetzung benutzt, nur die Eigennamen, die im Verlauf der Dialoge vorkommen, sind manchmal getilgt oder durch neutrale Anreden ersetzt worden, damit der geneigte oder auch tief gebeugte Leser es nicht zu leicht habe.

Wer niemanden wiedererkennt, dem darf man herzlich gratulieren. Ihm stehen noch fesselnde Augenblicke eines frischen, unverbildeten Glücks bei den größten Texten unserer Literatur bevor. Über eine passable Allgemeinbildung verfügt, wer mindestens zwei Autoren beziehungsweise drei der in Liebe und Leid verstrickten Personen dieses Quiz' identifiziert. Wer drei bis sechs Dramatiker und die Namen der von ihnen ins Leben gerufenen Helden errät, kann sich einer nicht unbeträchtlichen literarischen Bildung rühmen. Die Klassiker der Vergangenheit und der Moderne sind ihm nicht nur Bücherschrank-Bestand, sondern wirklicher Besitz. Mehr als sieben Autoren und zehn Figuren sollte niemand von sich verlangen. Alle neun Dichter und vierzehn Geschöpfe beim Namen nennen zu können hieße, blasiert vor den Spiegel treten zu dürfen. (Doch wer möchte sich nicht gern einmal wohlerworbene Blasiertheit leisten?) Wir wünschen viel Vergnügen beim diesmal nicht allzu schweren Entziffern.

Die Lösungen finden Sie auf S. 161–164.

SIE: *(ihre Zöpfe flechtend und aufbindend)*
Ich gäb' was drum, wenn ich nur wüßt',
Wer heut der Herr gewesen ist!
Er sah gewiß recht wacker aus,
Und ist aus einem edlen Haus;
Das konnt' ich ihm an der Stirne lesen -
Er wär' auch sonst nicht so keck gewesen ...
Es ist so schwül, so dumpfig hie
(sie macht das Fenster auf),
Und ist doch eben so warm nicht drauß.
Es wird mir so, ich weiß nicht wie -
Ich wollt', die Mutter käm' nach Haus ...

ER: Ein finsteres Gewölb. –
Ich bin im Innern!
Mehr Menschen faßt das Haus, scheints, als ich glaubte,
Doch immerhin! wird nur mein Ziel erreicht.
SIE: Es ist so schwül hier, so dumpf!
Feuchter Qualm drückt die Flamme der Lampe,
Sie brennt, ohne zu leuchten ...
ER: Doch seh ich recht?
Bist du die Zauberin,
Die dort erst heischre Flüche murmelte?
Ein weiblich Wesen liegt zu meinen Füßen,
Verteidigt durch der Anmut Freiheitsbrief,
Nichts zauberhaft an ihr, als ihre Schönheit ...
Ich hätt dich töten können, holdes Bild,
Beim ersten Anfall in der dunklen Nacht?
Und schade wärs, fürwahr, um so viel Reiz!
Wer bist du, doppeldeutiges Geschöpf?
Scheinst du so schön und bist so arg, zugleich
So liebenswürdig und so hassenswert,
Was konnte dich bewegen, diesen Mund,
Der, eine Rose, wie die Rose auch
Nur hauchen sollte süßer Worte Duft,
Mit schwarzer Sprüche Greuel zu entweihn?
Als die Natur dich dachte, schrieb sie: Milde
Mit holden Lettern auf das erste Blatt,
Wer malte Zauberformeln auf die andern?
O geh! ich hasse deine Schönheit, weil sie

Mich hindert, deine Tücke recht zu hassen! ...
Du seufzest! – Sprich! – Laß deine Worte tönen;
Vertrau den Lüften sie, als Boten, an,
Sonst holt mein Mund sie ab von deinen Lippen.

SIE: Trau niemand hier als mir. Ich sah es gleich,
Sie haben einen Zweck.
ER: Zweck! Aber welchen?
Was hätten sie davon, uns Hoffnungen –
SIE: Das weiß ich nicht. Doch glaub mir, es ist nicht
Ihr Ernst, uns zu beglücken, zu verbinden.
ER: Warum überall
Auch das Geheimnis? Weißt du, was ich tun will?
Ich werfe mich zu deines Vaters Füßen,
Er soll mein Glück entscheiden, er ist wahrhaft,
Ist unverstellt und haßt die krummen Wege,
Er ist so gut, so edel –
SIE: Das bist du!
ER: Du kennst ihn erst seit heut. Ich aber lebe
Schon zehen Jahre unter seinen Augen.
Ists denn das erstemal, daß er das Seltne,
Das Ungehoffte tut? Es sieht ihm gleich,
Zu überraschen wie ein Gott, er muß
Entzücken stets und in Erstaunen setzen.
Wer weiß, ob er in diesem Augenblick
Nicht mein Geständnis, deines bloß erwartet,
Uns zu vereinigen – du schweigst? Du siehst
Mich zweifelnd an? Was hast du gegen deinen Vater?
SIE: Ich? Nichts – Nur zu beschäftigt find ich ihn,
Als daß er Zeit und Muße könnte haben,
An unser Glück zu denken.
(Ihn zärtlich bei der Hand fassend)
Folge mir!
Laß nicht zu viel uns an die Menschen glauben...

ER: Dies, meine Damen und Herren, gestehen wir es, dies war vor
fünf Jahren der dramatische Anfang einer Ehe, die zwar eine Hölle
wurde – und was für eine Hölle – die aber, und das dürfte wohl das
Entscheidende sein, uns beide, meine Frau und mich, entschieden
läuterte: Ich stürzte Hals über Kopf ins Geschworenengericht, ich

triumphierte, hatte doch die Gerechtigkeit gesiegt, und meine Frau wurde leichenblaß. Leider konnte ich ihren verzweifelten Schrei nicht mehr vernehmen. Ich befand mich damals schon im Treppenhaus oder gar auf der Straße: Ein Umstand, den ich tief bedaure, nicht etwa, weil ich an meiner Gattin zweifle – ich halte sie noch jetzt für unschuldig und der entsetzlichen Sünde des Ehebruchs – und sei dies auch nur in Gedanken – vollkommen unfähig – aber ich hätte doch der Tatsache mehr Rechnung getragen, daß sie mit rein freundschaftlichen Gefühlen einem so exaltierten und in seiner Einbildungskraft so hemmungslos überbordenden Graf verbunden war als einer Kindheitserinnerung, der sie die Treue hielt. Vieles hätte so vermieden werden können. Vieles, wenn auch nicht der Zusammenbruch meiner wahrhaft gigantischen Bemühung, die Welt von Grund aus durch das Gesetz Mosis zu restaurieren, wohl aber unser beider bitteres Ende. Doch gehören die, an seelischen Strapazen nicht armen, Jahre meiner zweiten Ehe trotzdem zu meinen glücklichsten, auch beruflich, denn es gelang mir bekanntlich, die Zahl meiner Todesurteile von zweihundert auf dreihundertfünfzig zu erhöhen, von denen nur elf – unter skandalösen Umständen – durch Gnadenakte des Ministerpräsidenten verhindert – nicht durchgeführt werden konnten. Unsere Ehe bewegte sich durchaus regelmäßig in der vorgeschlagenen Bahn. Meine Frau vertiefte – wie vorausgesehen – ihren Charakter erklecklich und wurde auch religiösen Gefühlen gegenüber positiver, die Hinrichtungen sah sie sich an meiner Seite gefaßt und ruhig an, ohne ihr gesundes Mitgefühl für die Exekutierten je durch Routine zu verlieren, der tägliche Besuch im Zuchthaus, der ihr bald zu einem Herzensbedürfnis wurde, erfüllte sie mit immer neuer Hilfsbereitschaft, so daß man sie allgemein den Engel der Gefängnisse nannte, kurz, es war eine fruchtbare Zeit, die meine These, daß nur ein peinlich befolgtes Gesetz den Menschen zu einem besseren, ja höheren Wesen zu machen imstande sei, glänzend bestätigte. So sind denn einige Jahre vergangen. Gaben wir den Anfang meiner Ehe, geben wir nun das Ende ...

ER: Wer schweigt, wie du,
Weckt den Verdacht, daß er die Wahrheit nicht
Zu sagen wagt und doch nicht lügen will.
SIE: Nicht weiter!
ER: Nein, nicht weiter! Lebe wohl!
Und wenn ich wiederkehre, zürne drob

Nicht allzusehr!
SIE: Mein Lieber
ER: Sei gewiß
Ich werde dir nicht wieder so, wie heute,
Den Gruß entpressen!
SIE: Nein, es wird nicht wieder
Vonnöten sein! *Gen Himmel.* Lenk, Ewiger, sein Herz!
Ich hatt' ihm ja den Brudermord verziehn,
Ich war bereit, ihm in den Tod zu folgen,
Ich bin es noch, vermag ein Mensch denn mehr?
Du tatest, was du nie noch tatst, du wälztest
Das Rad der Zeit zurück: Es steht noch einmal
Wie es vorher stand; laß ihn anders denn
Jetzt handeln, so vergeß ich, was geschehn;
Vergeß es so, als hätte er im Fieber
Mit seinem Schwert mir einen Todesstreich
Versetzt und mich genesend selbst verbunden.
Seh ich dich noch?
ER: Wenn du mich kommen siehst,
So ruf nach Ketten! Das sei dir Beweis,
Daß ich verrückt geworden bin!
SIE: Du wirst
Dies Wort bereun! – Halt an dich, Herz! -
Du wirst!
ER: Wahr ist's, ich ging zu weit,
Das sagte ich mir unterwegs schon selbst.
Doch wahr nicht minder,
Wenn sie mich liebte, würde sie's verzeihn!
Wenn sie mich liebte! Hat sie mich geliebt?
Ich glaub' es. Aber jetzt – Wie sich der Tote
Im Grabe noch zu rächen weiß! Ich schaffte
Ihn fort, um meine Krone mir zu sichern,
Er nahm, was mehr wog, mit hinweg: ihr Herz!
Denn seltsam hat sie, seit ihr Bruder starb,
Sich gegen mich verändert, niemals fand
Ich zwischen ihr und ihrer Mutter noch
Die kleinste Spur von Ähnlichkeit heraus,
Heut' glich sie ihr in mehr als einem Zug,
Drum kann ich ihr nicht mehr vertraun, wie sonst!

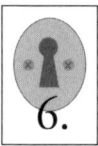

SIE: Du gemeiner Schuft, du – wie kannst du mir ins Gesicht sehn, nach allem, was zwischen uns gewesen ist.

ER: Liebe, hast du denn gar kein Herz? Wo du deinen Mann so vor dir siehst!

SIE: Meinen Mann! Du Untier! Du glaubst also, ich wisse nichts von der Geschichte mit deinem Fräulein! Ich könnte dir die Augen auskratzen!

ER: Im Ernst, du bist doch nicht so töricht und bist eifersüchtig auf die Kleine?

SIE: Bist du denn nicht mit ihr verheiratet, du Bestie?

ER: Verheiratet! Das ist gut. Ich verkehre in diesem Haus. Ich rede mit ihr. Ich gebe ihr mal hin und wieder eine Art Kuß, und jetzt läuft das alberne Frauenzimmer herum und posaunt überall aus, sie sei mit mir verheiratet. Meine Liebe, ich bin ja bereit, alles zu deiner Beruhigung zu tun, wenn du glaubst, du findest sie in einer Heirat mit mir – gut. Was kann ein Gentleman mehr sagen? Er kann nicht mehr sagen.

SIE: Oh, du. Ich will doch nur eine anständige Frau werden.

ER: Wenn du glaubst, das wirst du durch eine Heirat mit mir – gut. Was kann ein Gentleman mehr sagen? Er kann nicht mehr sagen.

SIE: *bricht plötzlich in die Knie und windet sich in Krämpfen auf der Erde.* O womit habe ich das verdient! Womit habe ich das verdient! Nein, ich bin kein hysterisches Weibsbild! Ich bin nicht hysterisch! Ich bin es nicht! Aber ich kann nicht anders! Ich kann mir nicht anders helfen! O Gott, womit habe ich das verdient! O Gott, o Gott! Ich bin nun einmal so! Die ganze vergangene Nacht habe ich an den fürchterlichsten Herzkrämpfen gelitten! Was Wunder, daß jetzt alles zum Ausbruch kommt! – O Gott, o Gott, o Gott, wenn mich doch jemand durchpeitschte! Wenn mich nur jemand peitschen wollte! Peitschenhiebe, bis ich kein Gefühl mehr in den Gliedern habe! Nur kein Gefühl mehr im Körper! Peitschenhiebe brauche ich! Nur kein menschliches Gefühl mehr! Um Gottes Barmherzigkeit willen die Peitsche! – Die Peitsche!

ER: *tritt ein.* – Guten Tag.

SIE: *betreten:* Sie sind es ?

ER: Ich bin es.

SIE: Ich bin ja so erstaunt...

ER: Das seh ich. Aber es liegt kein Grund vor. Ich befinde mich hier nur auf der Durchreise, ich fahre nach Italien. Und eigentlich komme ich nur zu dir, um dir in Erinnerung alter Kameradschaft mein neuestes Werk zu bringen.

SIE: Sie sind sehr liebenswürdig, ich danke Ihnen.

ER: Bitte. Du hast ein gewisses Anrecht auf dieses Buch.

SIE: Mein Baron kann jeden Augenblick kommen ...

ER: Was tut das? Sie haben ihm gewiß nicht gesagt, daß Sie einst in meinen Armen gelegen sind und mich angebetet haben. Ich bin eben ein guter Bekannter aus München. Und ein guter Bekannter darf Sie wohl besuchen?

SIE: Jeder andere, Sie nicht!

ER: Weshalb? Sie mißverstehen mich noch immer. Ich komme wirklich nur als guter Bekannter. Alles andere ist vorbei, längst vorbei ... Na, Sie werden ja sehen.

Deutet auf sein Buch.

SIE: Was ist denn das?

ER: Mein neuester Roman.

SIE: Sie schreiben Romane?

ER: Allerdings.

SIE: Seit wann können Sie denn das?

ER: Wie meinen Sie?

SIE: Ach Gott, ich erinnere mich, daß Ihr eigentliches Gebiet die kleine Skizze, die Beobachtung alltäglicher Vorkommnisse ...

ER: *aufgeregt:* Mein Gebiet? ... Mein Gebiet ist die Welt! Ich schreibe, was mir beliebt! Ich lasse mich nicht umgrenzen. Ich weiß nicht, was mich abhalten sollte, einen Roman zu schreiben!

SIE: Nun, die Ansicht der maßgebenden Kritik war ja doch ...

ER: Wer ist maßgebend?

SIE: Ich erinnere mich zum Beispiel an ein Feuilleton von Neumann in der Allgemeinen ...

ER: *wütend:* Neumann ist ein Kretin! Ich habe ihn geohrfeigt!

SIE: Sie haben ihn... ?

ER: Innerlich hab ich ihn geohrfeigt! Du warst damals ebenso empört wie ich. Wir waren vollkommen einig, daß Neumann ein Kretin sei. „Wie darf dieses Nichts wagen ...“ das waren deine Worte. „Dir Grenzen abzustecken! Wie darf er es wagen, dein nächstes Buch sozusagen im Mutterleib zu erwürgen?“ Du hast es gesagt! Und heute berufst du dich auf diesen Literaturhausierer!

SIE: Ich bitte, schreien Sie doch nicht. Meine Hauswirtin ...

ER: Es ist nicht mein Amt, mich um Generalswitwen zu kümmern, wenn meine Nerven vibrieren.

SIE: Ja, was hab ich denn gesagt? Ich kann Ihre Empfindlichkeit wahrhaftig nicht begreifen.

ER: Empfindlich? Du nennst mich empfindlich? Du? Ein Weib, das die schwersten Schüttelfröste bekam, wenn der kleinste Schmock im letzten Käseblatt ein böses Wort auszusprechen wagte?

SIE: Ich erinnere mich nicht, daß über mich je ein böses Wort erschienen wäre?

ER: So? – Übrigens magst du recht haben. Gegen hübsche Weiber ist man immer galant.

SIE: Galant? Aus Galanterie hat man meine Gedichte gelobt? Und dein eigenes Urteil ...?

ER: Meines? Ich brauche nichts davon zurückzunehmen; ich erlaube mir nur zu bemerken, daß du deine paar hübschen Gedichte in unserer Zeit geschrieben hast.

SIE: Und so rechnest du sie wohl dir zum Verdienst an?

ER: Hättest du sie geschrieben, wenn ich nicht gewesen wäre? Sind sie nicht an mich?

SIE: Nein!

ER: Wie? Nicht an mich? Es ist ungeheuerlich!

SIE: Nein, sie sind nicht an dich!

ER: Ich stehe starr! Soll ich dich an die Situationen erinnern, in welchen deine schönsten Verse entstanden sind?

SIE: Sie waren an ein Ideal gerichtet ...

ER: *deutet auf sich.*

SIE: ...dessen zufälliger Vertreter auf Erden du warst.

9.

ER: Mein Unwille gegen die Schöpfung, die uns gespalten hat in Mann und Weib, ist lebhafter als je. Ich zittere vor jeder Mahlzeit. Welche Ungeheuerlichkeit, daß der Mensch allein nicht das Ganze ist! Und je größer seine Sehnsucht ist, ein Ganzes zu sein, um so verfluchter steht er da, bis zum Verbluten ausgesetzt dem andern Geschlecht. Womit hat man das verdient? Und dabei habe ich dankbar zu sein, ich weiß. Ich habe nur die Wahl, tot zu sein oder hier ... Kein Bann der Kirche und keine Klinge der Welt haben mich je zum Zittern gebracht; aber sie, eine Frau, die mich liebt, sie bringt mich jeden Tag dazu. Und womit eigentlich? Ich sehe bloß, daß ich über das Lächerliche nicht mehr zu lächeln vermag. Und daß ich mich abfinden werde, wo es ein Abfinden nicht gibt. Sie ist eine Frau – mag sein die beste aller denkbaren Frauen – aber eine Frau, und ich bin ein Mann. Dagegen ist nichts zu machen, und mit gutem Willen schon gar nicht. Es wird nur ein Ringen daraus, wer das andere durch guten Willen beschämt. Sie sollten uns sehen und hören, wenn wir allein sind. Kein lautes Wort! Wir sind ein Idyll. Einmal ein Glas an die Wand, einmal und nie wieder! Wir haben es zu einer fürchterlichen Noblesse gebracht; wir leiden dran, wenn das andere nicht glücklich ist. Was wollen Sie mehr, um die Ehe vollkommen zu machen? *Pause.* Es fehlt jetzt nur, daß das Geschlecht mir auch noch die letzte Schlinge um den Hals wirft ... daß es mich zum Vater macht. Was werde ich tun? Sie kann ja nichts dafür. Wir werden uns an den Tisch setzen wie immer und sagen: Mahlzeit!

Wer schrieb es wirklich?

Die verwechselten Text-Bäumchen

Unser Quiz bietet diesmal zwölf Texte bekannter Autoren und Politiker. Es bietet die Texte, sinnige Überschriften – und auch die Namen der Autoren!

Nur stehen die Namen infolge häßlicher Verwechslungsmißgeschicke offensichtlich nicht unter den Texten, zu denen sie eigentlich gehören. Bevor wir die zwölf Autorennamen wieder unter die richtigen Texte setzen, bitten wir darum unsere Leser, dies zu versuchen. Unser Quiz gleicht also einem Kriminalroman, wo von vornherein sämtliche möglichen Täter genannt und gegenwärtig sind. Hier braucht niemand zu erraten, was er nicht weiß oder nicht wissen kann – wie es im Kriminalroman ja auch unfair wäre, wenn der Mörder gar nicht zum Kreis der handelnden Figuren gehört, sondern bloß ein während des letzten Kapitels durchreisender Fremdling ist.

Also: wer von den zwölf hier auftauchenden Autoren schrieb welchen der zwölf hier stehenden Texte? Übrigens: die Texte, manchmal gekürzt, sind „als solche" unverändert. Zwölf Partien suchen ihren Autor. Viel Vergnügen beim Entwirren!

Die Lösungen finden Sie auf S. 164/165.

Tannenbaum und innere Freude

... genau vor einem Jahr waren Sie bei mir in Wronka, haben mir den schönen Weihnachtsbaum beschert ... Heuer habe ich mir hier einen besorgen lassen, aber man brachte mir einen ganz schäbigen, mit fehlenden Ästen – kein Vergleich mit dem vorjährigen. Ich weiß nicht, wie ich darauf die acht Lichtlein anbringe, die ich erstanden habe. Es ist mein drittes Weihnachten im Kittchen, aber nehmen Sie es ja nicht tragisch. Ich bin so ruhig und heiter wie immer. Gestern lag ich lange wach – ich kann jetzt nie vor ein Uhr einschlafen, muß aber schon um zehn ins Bett – dann träume ich verschiedenes im Dunkeln. Gestern dachte ich also: wie merkwürdig das ist, daß ich ständig in einem freudigen Rausch lebe – ohne jeden besonderen Grund. So liege ich zum Beispiel hier in der dunklen Zelle auf einer steinharten Matratze, um mich im Hause herrscht die übliche Kirchhofstille, man kommt sich vor wie im Grabe, vom Fenster her zeichnet sich auf der Decke der Reflex der Laterne, die vor dem Gefängnis die ganze Nacht brennt. Von Zeit zu Zeit hört man nur ganz dumpf das ferne Rattern eines vorbeifahrenden Eisenbahnzuges oder ganz in der Nähe unter den Fenstern das Räuspern der Schildwache, die in ihren schweren Stiefeln ein paar Schritte langsam macht, um die steifen Beine zu bewegen. Der Sand knirscht so hoffnungslos unter diesen Schritten, daß die ganze Öde und Ausweglosigkeit des Daseins daraus klingt in die feuchte, dunkle Nacht. Da liege ich still allein, gewickelt in diese vielfachen schwarzen Tücher der Finsternis, Langeweile, Unfreiheit des Winters – und dabei klopft mein Herz von einer unbegreiflichen, unbekannten inneren Freude, wie wenn ich im strahlenden Sonnenschein über eine blühende Wiese gehen würde. Und ich lächle im Dunkeln dem Leben, wie wenn ich irgendein zauberhaftes Geheimnis wüßte, das alles Böse und Traurige Lügen straft und in lauter Helligkeit und Glück wandelt. Und dabei suche ich selbst nach einem Grund zu dieser Freude, finde nichts und muß wieder lächeln über mich selbst. Ich glaube, das Geheimnis ist nichts anderes als das Leben selbst, die tiefe nächtliche Finsternis ist so schön und weich wie Sammet, wenn man nur richtig schaut. Und in dem Knirschen des feuchten Sandes unter den langsamen schweren Schritten der Schildwache singt auch ein kleines schönes Lied vom Leben – wenn man nur richtig zu hören weiß ...

Ludwig Thoma

Tristan und Isolde

TRISTAN (tritt auf): Euch grüß ich einsam, Königin Isolde.
ISOLDE: Herr Tristan, – daß ich's bliebe!
TRISTAN: Ziemt dies Wort der Braut, die ihres Gatten Strand sich nahte? Was müht Euch, Frau? Der Haare reiches Gold blaßt wie ermattet, bräutlich blickt Ihr nicht auf dieser letzten jungfräulichen

Fahrt, die Ihr dem Meere spendet. Liebt Ihr's wohl, daß Tristans Harfe Eure Trauer löse?

ISOLDE: Harft Wind herbei! Wir wollen fahren, fahren! Was halten wir an fremder Insel still? Wo sind wir, Herre Tristan?

TRISTAN: So viel Wellen gen Irland fluten westwärts, streben östlich gen Cornwall.

ISOLDE: Stehn wir mitten zwischen meinem und Eurem Land?

TRISTAN: Dem Lande meines Oheims, des Königs Marke.

ISOLDE: Ei, des alten Königs, dem ich verkauft ward!

TRISTAN: Wär' er wohl ein König, wenn Ihr verkauft ward? Hörtet Ihr den Eid von hundert Rittern nicht auf die Gebeine: daß ich für König Marke Euch gefreit, als Herrin meines Herrn?

ISOLDE: Seid Ihr sein Knecht?

TRISTAN: Es dient dem König seiner Schwestern Sohn.

ISOLDE: Der Sprosse einer Königin – und Knecht? Die Bräuche Cornwalls seltsam kenn ich nicht, drum lehrt Ihr wohl, Brautführender, die Braut, seid Ihr nun Knecht, seid Königssohn: wer seid Ihr?

TRISTAN: Tristan von Lonnois.

Richard Wagner

Keine Parteien, kein Trennendes mehr

Wenn nun der Krieg für alle Frucht tragen soll, so müssen wir zunächst nach dem Samen fragen, aus dem denn solche Ernte erwachsen kann. Sie kann nicht gedeihen aus all dem Trennenden, aus der Verfolgung, dem Haß, den Ungerechtigkeiten unserer Zeit. Das ist das schlechte Korn, das überreich gesät wurde und dessen Spuren auszurotten sind.

Die wahre Frucht kann nur erwachsen aus dem gemeinsamen Gut des Menschen, aus seinem besten Kern, aus seiner edelsten, uneigennützigen Schicht. Diese ist dort zu suchen, wo er, ohne an sich und das eigene Wohl zu denken, für andere lebt und stirbt, für andere Opfer bringt. Das aber ist überreich geschehen; es ist ein großer Schatz von Opfern angesammelt als Grundstock zum neuen Bau der Welt ...

Wilhelm II.

Schwächen der Regierungsmannschaft

Über die Fehler, welche in der auswärtigen Politik begangen wurden, wird sich die öffentliche Meinung in der Regel erst klar, wenn sie auf die Geschichte eines Menschenalters zurückzublicken imstande ist, und die Achivi qui plectuntur sind nicht immer die unmittelbaren Zeitgenossen der fehlerhaften Handlungen. Die Aufgabe der Politik liegt in der möglichst richtigen Voraussicht dessen, was andre Leute unter gegebenen Umständen tun werden. Die Befähigung zu dieser Voraussicht wird selten in dem Maße angeboren sein, daß sie nicht, um wirksam zu werden, eines gewissen Maßes von geschäftlicher Erfahrung und Personalkenntnis bedürfte, und ich kann mich beunruhigender Eindrücke nicht erwehren, wenn ich bedenke, in welchem Umfange diese Eigenschaften in unseren leitenden Kreisen verlorengegangen sind ...

Willy Brandt

Hervorragende Wissenschaftler

... Besondere Freude hat mir die Förderung der Technischen Hochschulen bereitet. Die zunehmende Bedeutung der Technik zog immer größere Scharen der tüchtigsten Jugend nach diesen Bildungsstätten hin, und die Leistungen der dort tätigen Lehrer wie der aus jenen hervorgehenden jungen Ingenieure brachten dem deutschen Namen in der Welt immer neue Ehre.

Professor Dr. Slaby war unter den Lehrern in Charlottenburg einer der hervorragendsten Männer von Weltruf. Er hat bis zu seinem Tode ... mich durch fesselnde Vorträge über die neuesten Erfindungen auf dem Laufenden gehalten ... Auch als Mensch hat er mir nahe gestanden und mir durch seine schlichte klare Auffassung über alle möglichen Dinge dieser Welt, die er stets in anregender und fesselnder Weise wiederzugeben verstand, manch geistigen Genuß verschafft ... Einen schweren Kampf hatte ich zu bestehen, als ich die Berufung Professor Harnacks durchsetzte. Die rechtsstehenden Theologen und „Orthodoxen" erhoben scharfe Proteste ... Jetzt kann man jenen Widerstand gar nicht mehr verstehen. Welch eine Persönlichkeit ist Harnack! Was für eine gebietende Stellung in der Geisteswelt hat er sich errungen! ... Was hat er als Leiter der Königlichen Bibliothek und als Dekan des Senats der Kaiser-Wilhelm-Gesellschaft geleistet, in der er, der Theologe, die geistvollsten und inhaltsreichsten Reden über die exakten Wissenschaften, über Forschungen und Erfindungen auf dem Gebiet der Chemie usw. hielt. An die Persönlichkeit Harnacks und sein Wirken werde ich immer gern zurückdenken ...

Emil Ludwig

Das Theater als politischer Raum

Alle bedeutenden Stücke, die sich nicht kritisch mit ihrer Zeit, mit ihrer Epoche und dem, was auf sie einwirkt, auseinandersetzen, bleiben anwendbar auf nachfolgende Zeiten und gewinnen in ihnen eine neue Gegenwärtigkeit. Und dies, paradoxerweise, nicht etwa, weil in ihnen allgemein Gültiges allgemein gesagt worden wäre. Sondern im Gegenteil: Weil in ihnen eine konkrete Situation mit konkretem Material verarbeitet und erst aus ihm das Paradigmatische herausdestilliert wurde. Mythen, die sich zur Parabel verdichten, mit eingeschlossen. Denn erst in der Konkretion lassen sich spezifische Verhaltensweisen erkennen ...

Diese Art von Gesellschaft fordert mehr denn je den mündigen Bürger. Sie fordert mehr denn je Phantasie, schöpferische Kraft und Eigeninitiative. Dazu gehört auch, daß der Staatsbürger die ihm zukommende freie Zeit sinnvoll zu nutzen versteht. Nun soll und kann und darf man ihm keine Vorschriften machen, wie er sie nutzt. Aber er muß ein entsprechendes Angebot vorfinden. Zu ihm, zu diesem Angebot, gehören die Theater. Sie sind sein Spiegelbild. Und damit zugleich ein Politikum.

Nun kosten die Theater in der Tat viel Geld – wobei freilich oft vergessen wird, daß die Oper den Löwenanteil davon beansprucht. Aber vielleicht sollte man sich darauf einigen, auch bei den Theatern nicht mehr einfach von Subventionen zu sprechen, sondern, neutraler, wertfreier, von ihrer Finanzierung. Das würde zwar keine Mark mehr bringen, aber vielleicht doch einiges von dem Ressentiment abbauen, das den Theatern heute vielfach entgegengebracht wird, weil manche sie noch immer, ein umgedrehtes Geschichtsfernrohr vor Augen, ideologisch als „kulturellen Überbau" ansehen, was sie nicht mehr sind ...

Carl Sternheim

Not in der Unrechtsgesellschaft

Seht die bleichen, abgehärmten Gesichter, die matten, glanzlosen Augen, die ausgehungerten, nackten, frierenden Körper, seht auch hier das wahre Bild des Jammers und des Elends mitten im Überflusse! Und wieder frage ich: Muß das so sein?

Dort erzeugt der Bauer im Bunde mit der Natur Überfluß und leidet Not, hier schafft des Menschen Fleiß im Bunde mit seinem Scharfsinne wieder Überfluß, und er leidet Not. Warum ist das? Geht in die Stadt, seht den emsigen Bürger. Kummer und Sorge spricht aus seinem Antlitz; der angestrengteste Fleiß reicht ja kaum hin, ihn und die Seinigen vor Mangel des Unentbehrlichsten zu bewahren! Ein Seufzer entringt sich seiner Brust, vernimmt der Vater die Kunde, daß ihm ein neues Kind geboren ward; erscheint es ihm doch wie ein Räuber, wie ein Bote neuerer, größerer Leiden! Blickt er auf die Seinen, so jammert sein Herz, denn er sieht in ihnen nur die Urheber, die Teilnehmer und die Erben seines eigenen jammervollen Elends! Stumpf wird sein Geist, kalt und gleichgültig sein Herz, und bald lernt er Hohn sprechen dem Ammenmärchen von „Gattenliebe und Vaterfreuden" und verwünschen den Leiden bringenden „Segen Gottes"!

Rosa Luxemburg

Realistische Errungenschaften

8.

Wo sind die Kunstwerke, die die ungeheure Niederlage der deutschen Arbeiterschaft von 1933 schildern, von der sie sich nur langsam erholt? Sie würden auch heroische Beispiele eines zähen Kampfes zu zeigen haben. Und sie würden unseren jetzigen Kampf inspirieren, indem sie ihn mit Kenntnissen und Vorbildern versähen. Unser sozialistischer Realismus muß zugleich ein kritischer Realismus sein.

Die kulturellen Errungenschaften unserer Republik sind bedeutend. Die Vorbedingungen sind geschaffen. Wenn es uns gelingt, nicht nur einige Produktionsziffern, sondern die allseitige Produktivität des ganzen Volkes zu steigern, wird die Kunst ganz neue Impulse gewinnen und verleihen. In unsere Theater, Ausstellungen, Konzerte und Bibliotheken werden immer größere Massen, immer besser gebildete Menschen strömen, Menschen mit neuen, begeisternden Zielen. Befreit von administrativen Fesseln, wird die große Idee des sozialistischen Realismus einer irdisch gesonnenen, alle menschlichen Kräfte befreienden, zutiefst humanen Kunst von unseren besten Künstlern als die beglückende Gabe des revolutionären Proletariats begrüßt werden, die sie doch ist.

Stephan Hermlin

Profitdrang der Zeitungsmacher

Blieb über Feiertage, Streiks oder andere Ereignisse Berlin einige Tage ohne Zeitungen, eine Einkehr, Nachdenken hatte im Publikum inzwischen stattgefunden, las man bei Wiedererscheinen unbedingt folgende Worte:

„Von Tausenden wurde das Fehlen der Zeitungen in den letzten Tagen schmerzlich empfunden. Es war ja nicht nur das Ausbleiben der gewohnten geistigen Kost, es war das Gefühl des Abgeschnittenseins von den Ereignissen der Umwelt, das beunruhigend und auch verstimmend wirkte. Die dürftigen Nachrichten, die verbreitet wurden, genügten dem begreiflichen Bedürfnis nach Aufklärung nicht und begegneten, da allerlei tendenziöse Nachrichten durch die Luft schwirrten, nicht dem vollen Vertrauen der Leser."

Während es hätte heißen müssen:

„Von Hunderttausenden wurde das Fehlen der Zeitungen in den letzten Tagen als Erlösung empfunden. Es war ja nicht nur das Ausbleiben des gewohnten sinnlosen Schleims, es war das Gefühl ungestörten Alleinseins mit den Ereignissen der eigenen Innenwelt, das beruhigend und reinigend wirkte. Die dürftigen Nachrichten, die durch Extrablätter verbreitet wurden, konnten das begreifliche Bedürfnis nach Sammlung nicht zerstören und begegneten, da man sie als tendenziöse Nachrichten, die durch die Luft schwirrten, unschwer erkannte, keinem Vertrauen der Leser."

Als richtunggebende Gewalt führte also das juste milieu unter jüdischer Führung in Berlin den Eroberungsdrang regierender und den Profitdrang repräsentierender Schichten zu lauter hochziffrigen und kolossalen Tatsachen. Eine G.m.b.H. waltete als Vorsehung mit einer Generalversammlung, die Reichstag hieß …

Karl Kraus

Die Macht der Finsternis

Im schwach erleuchteten Frühnebel des Augustmorgens sahen die zum Tode Verurteilten erblassend das Gestänge des Galgens inmitten der von Mauern umschirmten Sandfläche. Es waren einige jener Offiziere, die am 20. Juli des Jahres versucht hatten, die Diktatur, welche ihr Land seit langer Zeit in immer unerträglicher gewordene Fesseln geschlagen und es dazu schließlich in einen Vernichtungskampf gegen die ganze Welt gestoßen hatte, in jäh losbrechender und verzweifelt-ungläubiger Auflehnung zu stürzen. Einer der Verschworenen, Oberst Graf von Stauffenberg, hatte den Tyrannen selbst, der dem ganzen Regierungsgefüge den Namen gegeben, beseitigen wollen. Dies war mißlungen, der Aufstand in der Hauptstadt desgleichen, die Ver-schwörer, soweit sie nicht im Kampfe gefallen waren oder sich selbst entleibt hatten, standen bald vor dem grausamsten Werkzeug der Schreckensherrschaft, dem sogenannten Volksgerichtshof, dessen erbarmungslose und fanatische Richter sie allesamt zum Tode durch den Strang verurteilten.

Die acht Offiziere, die nach langen Tagen der Erniedrigung und unaussprechlichen Folter dem Tode entgegensahen, waren sehr ver-schieden in Rang und Alter. Der älteste, Feldmarschall, hatte hohen Ruhm gewonnen, als er die schlecht bewaffneten und von Verrat geschwächten französischen Armeen in einem wenige Wochen dau-ernden Feldzug niedergeworfen hatte. Vom General ging es weiter bis zum jüngsten hinab, dem in den Zwanziger stehenden Leutnant Graf Yorck von Wartenburg. Träger eines der berühmtesten Namen deut-scher Vergangenheit, der ein junger Mensch war mit braunem Haar und schönen, jetzt vor unterdrücktem Grauen gänzlich leeren Augen.

Ernst Jünger

Ein Schulaufsatz über den Krieg

Der Krieg (bellum) ist jener Zustand, in welchem zwei oder mehrere Völker es gegeneinander probieren. Man kennt ihn schon seit den ältesten Zeiten, und weil er so oft in der Bibel vorkommt, heißt man ihn heilig.

Im alten Rom wurde der Tempel geschlossen, wenn es anging, weil der Gott Janus vielleicht nichts davon wissen wollte.

Das ist aber ein lächerlicher Aberglaube und durch das Christen-tum abgeschafft, welches die Kirchen deswegen nicht schließt.

Es gibt Religionskriege, Eroberungskriege, Existenzkriege, National-kriege usw.

Wenn ein Volk verliert, und es geht dann von vorne an, heißt man es einen Rachekrieg.

Am häufigsten waren früher die Religionskriege, weil damals die Menschen wollten, daß alle Leute Gott gleich liebhaben sollten, und sich deswegen totschlugen. In der jetzigen Zeit gibt es mehr Handels-kriege, weil die Welt jetzt nicht mehr so ideal ist.

Wenn es im Altertum einen Krieg gab, zerkriegten sich auch die Götter. Die einen halfen den einen, und die andern halfen den andern. Man sieht das schon im Homer.

Die Götter setzten sich auf die Hügel und schauten zu. Wenn sie dann zornig wurden, hauten sie sich auf die Köpfe.

Bertolt Brecht

Gesunde Lebensweise

Ich hatte die traurigen Folgen einer normalen Lebensweise, mit der ich es eine Zeitlang versuchte, nur zu bald an Leib und Geist zu spüren bekommen und beschloß, noch einmal, ehe es zu spät wäre, ein unvernünftiges Leben zu beginnen ... Das gesunde Prinzip einer verkehrten Lebensweise innerhalb einer verkehrten Weltordnung hat sich an mir in jedem Betracht bewährt. Auch ich brachte einmal das Kunststück zuwege, mit der Sonne aufzustehen und mit ihr schlafen zu gehen.

Aber die unerträgliche Objektivität, mit der sie alle meine Mitbürger ohne Ansehen der Person bescheint, allen Mißwachs und alle Häßlichkeit, entspricht nicht jedermanns Naturell, und wer sich beizeiten vor der Gefahr retten kann, mit klaren Augen in den Tag dieser Erde zu sehen, der handelt klug, und er erlebt die Freude, darob von jenen gemieden zu werden, die er flieht. Denn als der Tag sich noch in Morgen und Abend teilte, war's eine Lust, mit dem Hahnenschrei zu erwachen und mit dem Nachtwächterruf ins Bett zu gehen. Aber dann kam die andere Einteilung auf, es ward Morgenblatt und es ward Abendblatt, und die Welt lag auf der Lauer der Ereignisse ...

Otto von Bismarck

Weihnachten

Schwer gemacht, leicht gemacht, schlecht gemacht und hoch bedacht

Dieses Quiz enthält zwölf Texte, die von entweder seit langem berühmten oder von zumindest im Augenblick recht bekannten Autoren stammen. Alle diese Texte haben mit Weihnachten zu tun.

Nachdem einem Dramenquiz der Vorwurf gemacht worden ist, es sei doch allzu leicht gewesen, fürchten wir für die jetzt gestellten Aufgaben einen solchen Vorwurf weniger. Unter den zwölf Texten befinden sich mindestens zwei, die wahrscheinlich nur Professionals oder Leser mit großem Spürsinn und viel Glück erraten können – wobei hinzugefügt werden muß, daß der eine „schwere" Text immerhin von einem Nobelpreisträger stammt, der andere von einem ungemein populären Schriftsteller. Nur sind die Betreffenden jeweils mit andersartigen Arbeiten berühmt geworden.

Zum einzelnen, so vage wie möglich und nötig:

Der erste Text ist Beginn einer ausführlichen Kritik, der zweite Ausschnitt aus einer selbständigen Erzählung. Im dritten, leichtesten Text wäre der Briefschreiber zu erraten. Im vierten zumindest der Autor der Szene. Wer darüber hinaus noch die Namen der Gesprächspartner weiß, leistet Wissens-Übersoll. Im fünften Text dürfte der Name dessen, der da die Weihnachtsgeschichte auf seine Art nacherzählt, relativ leicht zu finden sein. Um das Gedicht (6. Text) herauszubringen, bedarf es einer ziemlichen, aber zumutbaren Anstrengung des lyrischen Sinnes. Im siebenten Text können Namen und Ortsangaben vielleicht weiterhelfen. Der Autor des achten Textes war nicht unbedingt selber ein Revolutionär. Der des neunten hielt sich selber zumindest für ein wenig „links", was gewiß der des zehnten Textes kaum täte. Text Nummer elf ist eine vollständige, für ihren Verfasser sehr typische Geschichte, was man vom Text Nummer zwölf kaum sagen kann.

Wer diese zwölf Texte erraten kann, darf sich, euphorisch gesagt, für ein Genie halten.
Die Lösungen finden Sie auf S. 165–167.

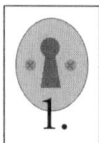

Einer, der sich dem Konsumrummel rechtzeitig entzieht

20. Dezember

Wie alle klugen Leute, hege ich eine tiefe Abneigung gegen Weihnachten. Es empört mich, mitansehen zu müssen, wie ... jedermann die Taschen seines Nächsten plündert unter dem Schutz einer schauderhaften allgemeinen Vortäuschung von festlichen Gefühlen. Eine scheußliche Einrichtung, dieses Weihnachten. Wir müssen gefräßig werden, denn es ist Weihnachten. Wir müssen saufen, denn es ist Weihnachten. Wir müssen großzügig sein, wir müssen Dinge kaufen, die keiner will, und sie Leuten geben, die wir nicht mögen; wir müssen absurde Darbietungen über uns ergehen lassen, die sogar kleine Kinder zu Satirikern machen ... alles nur, weil es Weihnachten ist – das heißt, weil das Gros der Bevölkerung, vor allem die allmächtige Mittelschicht der Kaufleute und Händler, angewiesen ist auf diese eine Woche der Unmäßigkeit und Ausbeutung, der Verschwendung und Ausschweifung, um ihre Schulden am Ende des Jahres abzuzahlen.

Was mich betrifft, ich werde morgen oder übermorgen fliehen nach einem entlegenen Ort, meilenweit vom nächsten Geschäft entfernt, wo mir nichts Schlimmeres zustoßen kann als der Chorgesang von ein paar Bauern oder irgendein ähnlich harmloses Überbleibsel von mittelalterlichem Mummenschanz: schüchtern dargeboten, ohne Reklame, mit maßvollen Ansprüchen und rasch vorbei. In der Stadt gibt es für mich, oder sonst für irgendeinen anständigen Menschen, im Augenblick nichts zu tun.

Festvorbereitung in einem anderen Land

Irgendwie jedoch sparen wir jedes Jahr unser Weihnachtsgeld zusammen, in einer Früchtekuchenkasse. Wir bewahren das Geld in einem Versteck auf: in einer alten, perlenbestickten Geldbörse unter einer losen Diele unter dem Estrich unter dem Nachttopf unter dem Bett meiner Freundin. Die Geldbörse wird selten aus dem sicheren Gewahrsam hervorgeholt, es sei denn, um eine Einlage zu machen oder, wie es jeden Samstag vorkommt, um etwas abzuheben; denn samstags darf ich zehn Cent haben, um ins Kino zu gehen. Meine 60jährige Freundin ist noch niemals in einem Kino gewesen und hat auch nicht die Absicht, je hinzugehen. „Lieber lass’ ich mir die Geschichte von dir erzählen, Buddy! Dann kann ich’s mir viel schöner ausmalen. Außerdem muß man in meinem Alter mit seinem Augenlicht schonend umgehen. Wenn der HERR kommt, möcht’ ich IHN deutlich erkennen.“ Aber nicht nur, daß sie nie in einem Kino war: sie hat auch nie in einem Restaurant gegessen, ist nie weiter als zehn Kilometer von zu Hause fort gewesen, hat nie ein Telegramm erhalten oder abgeschickt, hat nie etwas anderes gelesen als das Witzblatt und die Bibel, hat sich nie geschminkt, hat nie geflucht, nie jemandem etwas Böses gewünscht, nie absichtlich gelogen und nie einen hungrigen Hund von der Türe gescheucht. Und nun ein paar von den Dingen, die sie getan hat und noch tut: mit einer Hacke die größte Klapperschlange totgeschlagen, die man jemals hierzulande gesehen hat (mit sechzehn Klappern), nimmt Schnupftabak (heimlich), zähmt Kolibris (versucht’s nur mal!), bis sie ihr auf dem Finger balancieren, erzählt Geistergeschichten (wir glauben beide an Geister), aber so gruselige, daß man im Juli eine Gänsehaut bekommt, hält Selbstgespräche, geht gern im Regen spazieren ...

... wir sitzen mit Schere und Bleistift und Stapeln von Buntpapier tagelang am Küchentisch. Ich mache Skizzen, und meine Freundin schneidet sie aus: eine Menge Katzen, auch Fische (weil sie leicht zu zeichnen sind), ein paar Äpfel, ein paar Wassermelonen, ein paar Engel mit Flügeln, die wir aus aufgespartem Silberpapier ... zurechtbasteln. Wir benutzen Sicherheitsnadeln, um unsere Kunstwerke am Baum zu befestigen. Um ihm den letzten Schliff zu geben, bestreuen wir die Zweige mit zerschnittener Baumwolle (die wir zu diesem Zweck im August selber gepflückt haben). Meine Freundin betrachtet die Wirkung prüfend und schlägt die Hände zusammen. „Nun sag mal ehrlich, Buddy: sieht’s nicht zum Fressen schön aus?“ Die Hündin Queenie versucht, einen Engel zu fressen.

Nachdem wir Stechpalmengirlanden für sämtliche Vorderfenster geflochten und mit Bändern umwunden haben, besteht unsere nächste Aufgabe im Fabrizieren von Geschenken für die Familie, Halstücher für die Damen aus Schnurbatik, für die Herren ein hausgemachter Sirup aus Zitronen, Lakritze und Aspirin, einzunehmen „bei den ersten Symptomen einer Erkältung“ sowie nach der Jagd. Aber als es an der Zeit ist, unsere gegenseitigen Geschenke vorzubereiten, trennen wir uns, um im geheimen zu arbeiten. Kaufen würde ich ihr gern: ein Messer mit Perlmuttgriff, ein Radio, ein ganzes Pfund Kirschpralinés (wir haben mal ein paar gekostet, und seither beteuert sie: „Davon könnt' ich leben, Buddy, weiß Gott, das könnt' ich – und hab' Seinen Namen damit nicht unnütz in den Mund genommen.‟). Statt dessen baue ich ihr einen Drachen. Und sie würde mir gern ein Fahrrad kaufen. (Sie hat's mir schon millionenmal gesagt: „Wenn ich's nur könnte, Buddy! 's ist schlimm genug, wenn man im Leben auf etwas verzichten muß, was man selbst gern haben möchte; aber was mich, zum Kuckuck, richtig verrückt macht, ist, wenn man einem andern nicht das schenken kann, was man ihm so sehr wünscht! Doch eines Tages tu ich's, Buddy! Ich verschaffe dir ein Rad! Frag mich nicht, wie. Vielleicht stehl' ich's.‟) Statt dessen, davon bin ich ziemlich überzeugt, baut sie mir wahrscheinlich auch einen Drachen – ebenso wie voriges Jahr und das Jahr davor: und ein Jahr noch weiter davor haben wir uns gegenseitig Schleudern gebastelt. Was mir alles sehr recht ist. Denn wir sind Champions im Drachensteigenlassen und studieren den Wind wie die Matrosen; meine Freundin, die mehr Talent hat als ich, kann einen Drachen in die Lüfte schicken, wenn nicht mal soviel Brise da ist, um die Wolken zu tragen.

Am Heiligabend kratzen wir nachmittags einen Nickel zusammen und gehen zum Metzger, um Queenies herkömmliches Geschenk, einen guten, abnagbaren Rindsknochen, zu kaufen. Der Knochen wird in lustiges Papier gewickelt und hoch in den Baum gehängt, in die Nähe des Silbersterns. Queenie weiß, daß er da ist. Sie hockt am Fuß des Baumes und starrt, vor Gier gebannt, nach oben: Als es Schlafenszeit ist, weigert sie sich, von der Stelle zu gehen. Ihre Aufregung ist ebenso groß wie meine eigene. Ich zerwühle meine Bettdecken und drehe das Kopfkissen herum, als hätten wir eine sengend heiße Sommernacht. Irgendwo kräht ein Hahn: irrtümlicherweise, denn die Sonne ist noch auf der andern Seite der Erde ...

Ein Dramatiker quält sich

den 24. Dezember

Ich setze mich mit einem sehr erleichterten Herzen nieder, um Ihnen zu schreiben, daß die Piccolomini soeben an Iffland abgegangen sind. Er hat mich in seinem Briefe so tribuliert und gequält zu eilen, daß ich heute meine ganze Willenskraft zusammennahm, drei Kopisten zu anstellte, und (mit Ausschluß der einzigen Szene im astrologischen Zimmer, die ich ihm nachsende) das Werk wirklich zustande brachte.

Eine recht glückliche Stimmung und eine wohl ausgeschlafene Nacht haben mich sekundiert, und ich hoffe sagen zu können, daß diese Eile dem Geschäft nichts geschadet hat. So ist aber auch schwerlich ein heiliger Abend auf dreißig Meilen in der Runde vollbracht worden, so gehetzt nämlich und so qualvoll über der Angst nicht fertig zu werden. Iffland hat mir seine Not vorgestellt, wenn er in den zwei nächsten Monaten der eigentlichen Theaterzeit nichts hätte, wodurch er die Opern, welche freigegeben werden, balancieren könnte, da er, in seiner Rechnung auf das Stück, auf nichts anders gedacht hätte, und gab mir den Verlust bei dem versäumten Tempo auf 4000 Thaler an ...

Ein Dramatiker quält sich nicht

DER PATER: ... Unsere Weihnachtslieder sind zwar sehr schön, aber doch schon ein wenig abgenutzt. Da hätten wir gern ein neues Lied, etwas Modernes, das mehr dem Geschmack der Zeit entspricht.
DER AUTOR: Ich will mir das durch den Kopf gehen lassen. Ich verspreche es Ihnen.
DER PATER: Ich komme mit meiner Bitte ziemlich spät ... Ich weiß, es ist viel verlangt ... Die Bescherung soll schon nächsten Mittwoch sein. Unsere Kinder sind nicht sehr musikalisch ... Ich weiß, die Inspiration ...
DER AUTOR: Ach so, Sie möchten es gleich haben? Nichts ist einfacher. Die Inspiration ist eine Erfindung von Leuten, die selbst noch nie etwas zustande gebracht haben. Wir belassen es natürlich gern bei diesem Märchen, schon um die Preise zu halten. Das Thema?
DER PATER *lächelt:* Hm ... immer das gleiche ...
DER AUTOR: Stimmt ... Sie haben ja nur eines. Und die Melodie?
DER PATER: Was die Melodie betrifft, da sind wir nicht sehr anspruchsvoll. Wir nehmen immer alte Melodien, die schon bekannt sind. Das ist einfacher für die Kinder. Aber möglichst heiter ...
DER AUTOR: Tralalalala ... tralalala ...
(Er sucht nach den Worten, dann beginnt er)
Jesuskind, wo bist du?
Du bist nicht mehr zu sehn.
Leer ist deine Krippe,
wo Ochs und Esel stehn.
Ich seh' Maria, die Mutter,
mit Joseph Hand in Hand,

ich seh' die schönsten Fürsten
vom fernen Morgenland.
Doch dich kann ich nicht finden:
wo bist du, Jesuskind?
Ich bin im Herzen der Armen,
die ganz vergessen sind – -
Zweite Strophe!
DER PATER: Entzückend! Ganz entzückend! Sie sind wirklich be-
gnadet, mein Sohn ... Ich muß Sie umarmen.
DER AUTOR: Nicht, bevor ich fertig bin. Sie verstehen so wenig vom
Theater. Gerade der dritte Akt wird oft ein Fiasko. Dritte Strophe!
(M. der Freund tritt auf.)
HERR M.: Hör mal zu, du Schmierer, was hast du mir denn da wieder
für Verse angedreht? ... Oh! Pardon, Herr Pfarrer.
DER AUTOR: Setz dich in eine Ecke und sei still, alter Gauner. Ich
dichte.
HERR M.: Du dichtest? Und was dichtest du, du falscher Hund?
DER AUTOR: Ein Weihnachtslied.
HERR M.: Ein Weihnachtslied! Und mein Exklusiv-Vertrag?
DER AUTOR: Gott zuerst! Nicht wahr, lieber Pater? *(Er stellt vor)*
Herr M., der berühmte Halsabschneider ...
HERR M.: Und mein Text? Verstehen Sie, Herr Pater, Ihr kleines
Weihnachtslied ist wunderhübsch, ich sag gar nichts dagegen. Aber Sie
sind von der Branche ... Wenn ich nicht in zwei Stunden mit dem
geänderten Text ankomme, macht mir die Stefanie einen Skandal und
rauscht von der Probe ab ...
DER PATER: Ich habe keine Ahnung, mein Herr. Aber ich will wirk-
lich nicht stören ...
HERR M.: Da haben Sie recht, stören Sie nicht. Lassen Sie ihn schnell
meine Texte fertig machen. Sie haben noch die ganze Ewigkeit vor
sich, um dem lieben Gott was vorzusingen. Wann haben Sie Premiere?
DER PATER: Am Heiligabend.
HERR M.: Na, ich danke. Da sind Sie ja noch schlimmer dran als ich.
Bis dahin werden Sie nie mehr fertig mit Ihrer Messe. Erwarten Sie ein
volles Haus zur Premiere?
DER PATER *ein wenig fassungslos:* Allerdings ...
HERR M.: Passen Sie auf, daß es kein Durchfall wird. *(zum Autor)*
Jetzt pulvere mir gefälligst deine Verse auf. Bei deiner Intelligenz
machst du das in einer Minute. Danach kannst du dich wieder um den
Herrn Pater kümmern.

Nicht nur auf die Geburt, sondern auf die Verkündigung kommt es an

Das arm paar Völcklein mus in Stall. Vielleicht sind sie es wol gewonet gewest ... O das ich auch möcht in dem Stall sein, wo mein Herr zur Herberg ist gelegen. Das mögen edel Thier sein, welche einen solchen Gast gehabt haben, denn die Menschen waren solchs nicht werd ...

Vielleicht hat Maria nicht gemeinet, daß ihre Geburt Zeit so nahe sey. Da ist nu not vorhanden, sie ist allein und hat kein Liecht, vielleicht haben sie Joseph kein Liecht gestattet. Das mus eine große Armut gewest sein. Sie ist allein in einem frembden Haus und noch dazu im Stall. Da hat Joseph gedacht: Ach wer nu zu Hause were, und das ist das elendest, daß sie in solcher Armut gebieret und nicht so viel raum hat, da sie das Kind hin lege. Das ist höhest unbilligkeit und ein verdampt ding, daß das höhest Kind in die Krippen mus und seine Mutter nicht so viel Raum sol haben, daß sie sich künd niedersetzen und ihr Kind hinlegen. Und sind doch in der Welt so viel Palläste, nichts deste weniger mus sie einen Ort von den Thieren borgen.

Wenn jemand dieses recht bedencken wolt, daß sie nicht so viel raum gehabt, da sie einen fus hin setzen, fürwar er speyete an Schlösser und alle Gebeude in der Welt, in welchen allen dis Kind nicht so viel raums gefunden hat ...

Das das Weiblein hatte den Son geboren, achtet niemand und wuste niemand drumb. Fürwar es wird ihr an ihr mütterlich Hertz gegangen sein, daß sie gedacht, es were nichts damit. Und wo auch niemand die Historia und das Werck GOttes deute und auslege, würde es niemand nutzen. Darumb ist die Predigt da und kömpt der Engel vom Himmel herab und prediget hiervon. Er thut die Finsternis hin und offenbaret das werck, das ist: er thut das wort dazu. Alle Leute in Bethlehem, die Hirten, der Hauswirt, wusten nichts von dieser Geschicht, on allein Joseph und Maria. Da kömpt der Engel und umbleuchtet die Hirten mit einem großen Liecht und Klarheit, da sie sich dessen am wenigsten versahen, und sprach „Fürchtet euch nicht". Darauff singen die Engel, daß Himel und Erde erschallet. Das ist das ander gülden Stück im Evangelio, nämlich die wort des Engels, und diese wort sollen wir ergreiffen und lernen, denn sie geben uns diese Geburt zu eigen, davon du hörest, daß sie dir zu gut geschehen ist. So er allein geboren und nichts davon gepredigt were, so hette ich und du nichts davon gewußt, daß wir ihn solten annemen. Wiewol die Historia auch lieblich ist an ihr selbs, wenn wir auch nichts davon hetten,

denn daß sie also geschehen ist, so were sie doch ein seer grosser Schatz
und Freude, nemlich daß GOtt ein Mensch geboren sey und daß uns
GOtt neher were als Vater und Mutter. Aber es bleibt nicht dabey.
Denn daß GOtt Mensch ist, das ist ein hohes werck, aber das ist noch
grösser, daß der Engel spricht: Er ist Euch geboren. Damit thut er eine
Predigt, die niemals erhöret ist, wenn er spricht

    "Sihe, ich verkündige auch grosse Freude, die allem Volck wider-
faren wird. Denn euch ist heute der Heiland geborn, welcher ist
Christus, der HErr in der Stadt David." ...

Dichterisch vergegenwärtigte Nacht

Still ist die Nacht; in seinem Zelt geborgen,
Der Schriftgelehrte späht mit finstren Sorgen,
Wann Judas mächtiger Tyrann erscheint;
Den Vorgang lüftet er, nachstarrend lange
Dem Stern, der gleitet über Äthers Wange,
Wie Freudenzähre, die der Himmel weint.

Und fern vom Zelte über einem Stalle,
Da ist's, als ob aufs nied're Dach er falle;
In tausend Radien sein Licht er gießt.
Ein Meteor, so dachte der Gelehrte,
Als langsam er zu seinen Büchern kehrte.
O weißt du, wen das niedre Dach umschließt?

In einer Krippe ruht ein neugeboren
Und schlummernd Kindlein; wie im Traum verloren
Die Mutter knieet, Weib und Jungfrau doch.
Ein ernster, schlichter Mann rückt tief erschüttert
Das Lager ihnen; seine Rechte zittert
Dem Schleier nahe um den Mantel noch.

Und an der Türe steh'n geringe Leute,
Mühsel'ge Hirten, doch die ersten heute,
Und in den Lüften klingt es süß und lind,
Verlorne Töne von der Engel Liede:
"Dem Höchsten Ehr' und allen Menschen Friede,
Die eines guten Willens sind!"

Weihnachten als Romanbeginn

Es war Weihnachten 1812, Heiliger Abend. Einzelne Schneeflocken fielen und legten sich auf die weiße Decke, die schon seit Tagen in den Straßen der Hauptstadt lag. Die Laternen, die an langausgespannten Ketten hingen, gaben nur spärliches Licht; in den Häusern aber wurde es von Minute zu Minute heller, und der „Heilige Christ", der hier und dort einzuziehen begann, warf seinen Glanz auch in das draußen liegende Dunkel ...

Die Sterne traten immer zahlreicher hervor. Lewin lupfte die Kappe, um sich die Stirn von der frischen Winterluft anwehen zu lassen, und sah staunend und andächtig in den funkelnden Himmel hinauf. Es war ihm, als fielen alle dunklen Geschicke, das Erbteil seines Hauses, von ihm ab und als zöge es lichter und heller von oben her in seine Seele. Er atmete auf ...

Auch Lewin von Vitzewitz war abgestiegen. Er stampfte ein paarmal in den Schnee, wie um das Blut wieder in Umlauf zu bringen, und trat dann in die Gaststube, um sich zu wärmen und einen Imbiß zu nehmen. Drinnen war alles leer und dunkel; hinter dem Schenktisch aber, wo drei Stufen zu einem höher gelegenen Alkoven führten, blitzte der Christbaum von Lichtern und goldenen Ketten. In diesem Weihnachtsbilde, das der enge Türrahmen einfaßte, stand die Krügersfrau in Mieder und rotem Friesrock und hatte einen Blondkopf auf dem Arm, der nach den Lichtern des Baumes langte. Der Krüger selbst stand neben ihr und sah auf das Glück, das ihm das Leben und dieser Tag beschert hatten.

Lewin war ergriffen von dem Bilde, das fast wie eine Erscheinung auf ihn wirkte. Leiser als er eingetreten war, zog er sich wieder zurück und trat auf die Dorfstraße. Gegenüber dem Kruge, von einer Feldsteinmauer eingefaßt, lag die Bohlsdorfer Kirche, ein alter Zisterzienserbau aus den Tagen der ersten Kolonisation. Es klang deutlich von drüben her, als würde die Orgel gespielt, und Lewin, während er noch aufhorchte, bemerkte zugleich, daß eines der kleinen, in halber Wandhöhe hinauflaufenden Rundbogenfenster matt erleuchtet war. Neugierig, ob er sich täuschte oder nicht, stieg er über die niedrige Steinmauer fort und schritt zwischen den Gräbern hin auf die Längswand der Kirche zu. Ziemlich inmitten dieser Wand bemerkte er eine Pforte, die nur eingeklinkt, aber nicht geschlossen war. Er öffnete leise und trat ein. Es war, wie er vermutet hatte. Ein alter Mann, mit Samtkäpsel und spärlichem weißen Haar, saß vor der Orgel, während ein

Lichtstümpfchen neben ihm eine kümmerliche Beleuchtung gab. In sein Orgelspiel vertieft, bemerkte er nicht, daß jemand eingetreten war, und feierlichen, aber gedämpften Tones klangen die Weihnachtsmelodien nach wie vor durch die Kirche hin ...

Tagebuch-Notiz aus revolutionärer Nachkriegszeit (Erster Weltkrieg)

8.

Berlin, 24. Dezember 1918

Weihnachtsabend hat heute früh mit einem Artilleriegefecht am Schloß begonnen. Die Regierungstruppen haben versucht, die Matrosen aus Schloß und Marstall herauszuschießen.

Ich ging gegen elf ins Amt, wo Meyer triumphierte. Jetzt mache die Regierung endlich Ernst; sie solle nur eine Anzahl von Matrosen gegen die Wand stellen. Er machte mir gelinde Vorwürfe, daß ich diese gegenrevolutionäre Stimmung nicht teilte.

Gegen zwölf die Linden hinaus, die in der Höhe der Friedrichstraße von republikanischer Sicherheitsgarde abgesperrt waren. Man kann aber durch Mittel- und Charlottenstraße um die Absperrung herum. Vor der Universität eine ziemlich große Menschenansammlung, die durch die Gitter die Soldaten im Vorgarten beobachtete. Sonst alles ruhig. Aber schon aus dieser Entfernung sah man große helle Flecken in den Schloßmauern, Spuren der Artilleriebeschießung. Im Lustgarten wogte unbehindert eine gewaltige Volksmenge. Das große Portal nach dem Lustgarten ist ganz zerschossen, eine von den Säulen liegt zertrümmert am Boden; die eisernen Torflügel klafften durchlöchert und verbogen. Der Balkon darüber, von dem der Kaiser am 4. August 1914 seine Rede hielt, hängt zerfetzt herunter. Die Fenster in der Fassade sind leer und dunkel, ohne Scheiben, mit schief baumelnden Fensterkreuzen und zerkerbten, zerhauenen Brüstungen. Am schmerzlichsten haben die schönen Barock-Karyatiden unter dem Balkon gelitten: ein michelangelesker Arm weggeschossen, die ausdrucksvollen Köpfe scheinen noch pathetischer gebeugt als früher. Matrosen halten vor dem gefechtsbereiten Portal Wache. Vorläufig ist aber Pause.

Ähnlich sieht es auf dem Schloßplatz aus. Auch hier Matrosen mit Maschinengewehren in den Fenstern der zur Ruine geschossenen Fassade. Der ganze Platz schwarz von Menschen. Irgend etwas wird erwartet, ein Gefecht, eine Volksrede, Liebknecht: man weiß nicht, alles wartet und fürchtet sich nicht. Die Neugier ist bei Tausenden größer als die Furcht ...

In der Menge halten überall Spartakusagitatoren kleine Volksversammlungen ab; man tritt ihnen entgegen, hört sie aber an. Ein großer, fanatischer Kerl an der Ecke der Schloßbrücke schreit einen Herrn, der ihn zu überzeugen sucht, mit bösartig blitzenden Augen und verbissener Wut nieder: Taten wolle man sehen, nicht immer bloß Worte. Die Regierung habe jetzt genug geredet, endlich solle sie mit dem Sozialismus Ernst machen, sonst werde man nicht lange fackeln. Ein anderer alter, zerschlissener Mann ohne Kragen, eine Art Vagabund, predigt Vernunft: Immer mit der Vernunft, etwas Vernunft auf beiden Seiten, dann werde man sich schon verständigen. Jeder Redner hat sein Publikum. Diese kleinen Konventikel, wo teils fanatisch, teils leise diskutiert wird, erinnern mich an Hyde Park am Sonntagabend.

Während dieser blutigen Ereignisse geht unbekümmert der Weihnachtsmarkt seinen Gang: Leierkasten spielen in der Friedrichstraße, Straßenverkäufer bieten Salonfeuerwerk, Lebkuchen und Silberflitter an, die Juwelierläden Unter den Linden sind sorglos geöffnet, hell erleuchtet funkeln ihre Schaufenster; in der Leipziger Straße, bei Wertheim, Kayser usw. drängt sich das übliche Weihnachtspublikum. Gewiß brennen in Tausenden von Häusern Christbäume, und Kinder spielen drum herum mit Geschenken von Papa, Mama und der lieben Tante. Daneben liegen im Marstall die Toten, und in der Weihnachtsnacht klaffen frisch gerissen die Wunden des Schlosses und des deutschen Staates ...

Dankbrief aus Kriegszeiten (Zweiter Weltkrieg)

Wir haben Telegramme gewechselt wie Potentaten, aber nun muß ich schreiben, denn was für ein erlauchtes Kleidungsstück ist das, welches ich gestern auf meinem Gabentisch fand! Es waren doch auch sonst erfreuliche Dinge darauf (ich bekomme noch genausogern etwas geschenkt wie als Kind), aber dieses überstrahlte alles und war überhaupt in aller Augen die pièce de résistance des Weihnachtszimmers. Richard Wagner wäre vor Neid erblaßt bei seinem Anblick. Dabei ist es von einer gehaltenen und würdigen Pracht, paßt übrigens wie angegossen, und nur das eine ist zu befürchten: daß es meine Hotel-Rechnungen erhöhen wird, wenn ich damit reise. Aber auch auf diese Gefahr hin: recht herzlichen Dank!

Wir hatten einen netten Heiligen Abend, mit 4 Kindern ... Es ist doch immer wieder reizend, den Baum brennen und die

Geschenke ausgebreitet zu sehen. Nach Tische tönten schöne neue records, und schließlich las ich wie ein rechter Hausvater aus der Bibel vor ...

Tagebuch-Notiz aus Nachkriegszeit (Zweiter Weltkrieg)

Wenn man über unsere Landstraßen geht, kann man Gestalten begegnen, wie man sie nie gesehen hat. Es sind die Heimkehrer mit ihrer grauen Aura von allerletztem Leid. Ihnen ist alles zugefügt, was uns von Menschen zugefügt werden kann ... Sie sind Sendboten von Stätten, an denen Zahllose zu Tode geplagt, verhungert, erfroren, geschändet sind.

Einem solchen begegnete ich heute (...) sie hatten ihm nur einen grauen Leinenkittel gelassen, durch den der Nordwind pfiff. Er mußte von weither kommen und zog, ohne den Blick zu wenden, wie ein Schatten vorbei.

Wie kam es, daß ich ihn heute, am Weihnachtstage, nicht ansprechen konnte, wie ich es doch bei so vielen tat? War er so ungeheuer fern?

Ein Junge hat einen Plan

Ich weiß nicht, wie es hat geschehen können; schließlich bin ich kein Kind mehr, bin fast fünfzig und hätte wissen müssen, was ich tat – und hab's doch getan, noch dazu, als ich schon Feierabend hatte und mir eigentlich nichts mehr hätte passieren können. Aber es ist passiert, und so hat mir der Heilige Abend die Kündigung beschert. Alles war reibungslos verlaufen: Ich hatte beim Dinner serviert, kein Glas umgeworfen, keine Soßenschüssel umgestoßen, keinen Rotwein verschüttet, mein Trinkgeld kassiert und mich auf mein Zimmer zurückgezogen, Rock und Krawatte aufs Bett geworfen, die Hosenträger von den Schultern gestreift, meine Flasche Bier geöffnet, hob gerade den Deckel von der Terrine und roch: Erbsensuppe. Die hatte ich mir beim Koch bestellt, mit Speck, ohne Zwiebeln, aber sämig, sämig. Sie wissen sicher nicht, was sämig ist; es würde zu lange dauern, wenn ich es Ihnen erklären wollte; meine Mutter brauchte drei Stunden, um zu erklären, was sie unter sämig verstand. Na, die Suppe roch herrlich, und ich tauchte die Schöpfkelle ein, füllte meinen Teller, spürte und sah, daß die Suppe richtig sämig war – da ging meine Zimmertür auf, und herein kam der Bengel, der mir beim Dinner auf-

gefallen war: klein, blaß, bestimmt nicht älter als acht, hatte sich den
Teller hoch füllen und alles, ohne es anzurühren, wieder abserviern
lassen: Truthahn und Kastanien, Trüffeln und Kalbfleisch, nicht mal
vom Nachtisch, den doch kein Kind vorübergehen läßt, hatte er auch
nur einen Löffel gekostet, ließ sich fünf halbe Birnen und 'nen halben
Eimer Schokoladensoße auf den Teller kippen und rührte nichts, aber
auch nichts an, und sah doch dabei nicht mäklig aus, sondern wie
jemand, der nach einem bestimmten Plan handelt. Leise schloß er die
Tür hinter sich und blickte auf meinen Teller, dann mich an: „Was ist
denn das?" frage er. „Das ist Erbsensuppe", sagte ich. „Die gibt es doch
nicht", sagte er freundlich, „die gibt es doch nur in dem Märchen von
dem König, der sich im Wald verirrt hat." Ich hab's gern, wenn Kinder
mich duzen; die Sie zu einem sagen, sind meistens affiger als die Er-
wachsenen. „Nun", sagte ich, „eins ist sicher: das ist Erbsensuppe." –
„Darf ich mal kosten?" – „Sicher, bitte" sagte ich, „setz dich hin."
Nun, er aß drei Teller Erbsensuppe, ich saß neben ihm auf meinem
Bett, trank Bier und rauchte und konnte richtig sehen, wie sein kleiner Bauch rund wurde, und während ich auf dem Bett saß, dachte ich
über vieles nach, was mir inzwischen wieder entfallen ist; zehn Minuten, fünfzehn, eine lange Zeit, da kann einem schon viel einfallen,
auch über Märchen, über Erwachsene, über Eltern und so. Schließlich
konnte der Bengel nicht mehr, ich löste ihn ab, aß den Rest der Suppe,
noch eineinhalb Teller, während er auf dem Bett neben mir saß. Vielleicht hätte ich nicht in die leere Terrine blicken sollen, denn er sagte:
„Mein Gott, jetzt habe ich dir alles aufgegessen." – „Macht nichts",
sagte ich, „ich bin noch satt geworden. Bist du zu mir gekommen, um
Erbsensuppe zu essen?" – „Nein, ich suchte nur jemand, der mir helfen kann, eine Kuhle zu finden; ich dachte, du wüßtest eine." Kuhle,
Kuhle, dann fiel mir's ein, zum Murmelspielen braucht man eine, und
ich sagte: „Ja, weißt du, das wird schwer sein, hier im Haus irgendwo
eine Kuhle zu finden." – „Können wir nicht eine machen", sagte er,
„einfach eine in den Boden des Zimmers hauen?"

Ich weiß nicht, wie es hat geschehen können, aber ich hab's getan,
und als der Chef mich fragte: Wie konnten Sie das tun?, wußte ich
keine Antwort. Vielleicht hätte ich sagen sollen: Haben wir uns nicht
verpflichtet, unseren Gästen jeden Wunsch zu erfüllen, ihnen ein har-
monisches Weihnachtsfest zu garantieren? Aber ich hab's nicht gesagt,
ich hab' geschwiegen. Schließlich konnte ich nicht ahnen, daß seine
Mutter über das Loch im Parkett stolpern und sich den Fuß brechen
würde, nachts, als sie betrunken aus der Bar zurückkam. Wie konnte

ich das wissen? Und daß die Versicherung eine Erklärung verlangen würde, und so weiter, und so weiter, Haftpflicht, Arbeitsgericht, und immer wieder: unglaublich, unglaublich. Sollte ich ihnen erklären, daß ich drei Stunden, drei geschlagene Stunden lang mit dem Jungen Kuhle gespielt habe, daß er immer gewann, daß er sogar von meinem Bier getrunken hat – bis er schließlich todmüde ins Bett fiel? Ich hab' nichts gesagt, aber als sie mich fragten, ob ich es gewesen bin, der das Loch in den Parkettboden geschlagen hat, da konnte ich nicht leugnen; nur von der Erbsensuppe haben sie nichts erfahren, das bleibt unser Geheimnis. Fünfunddreißig Jahre im Beruf, immer tadellos geführt. Ich weiß nicht, wie es hat geschehen können; ich hätte wissen müssen, was ich tat, und hab's doch getan: Ich bin mit dem Aufzug zum Hausmeister hinuntergefahren, hab' Hammer und Meißel geholt, bin mit dem Aufzug wieder raufgefahren, hab' ein Loch in den Parkettboden gestemmt. Schließlich konnte ich nicht ahnen, daß seine Mutter drüber stolpern würde, als sie nachts um vier betrunken aus der Bar zurückkam. Offen gestanden, ganz so schlimm finde ich es nicht, auch nicht, daß sie mich rausgeschmissen haben. Gute Kellner werden überall gesucht.

Das Kind im Bild

Das neugeborene Kind, der Knabe der ersten Lebensjahre, ist seit dem Beginn der Menschheit, also längst vor dem Christentum, der Inbegriff der Gnade; bis in den bürgerlichen Wunsch hinein, der Sohn möge einst erreichen, was dem Vater versagt war, spielt der Erlösungsgedanke. Wie sollte da nicht das göttliche Kind, dessen Sendung durch Jahrhunderte geweissagt war, dessen Erscheinen die Sternstunde der Menschheit ward und dessen Opfergang die Welt veränderte, dergestalt, daß sie eine neue, leuchtende Mitte fand, eben das Christentum – wie sollte nicht dieses Christkind die höchste Verehrung aller frommen Seelen finden? ...

Wir wissen, daß es zu allen Zeiten mächtige Strömungen gegen das Bild gab, nicht nur im strengen, frühen Judentum und im Islam als Abwehr des Götzendienstes, sondern auch innerhalb der christlichen Kirche selbst, die am Anfang dem reinen Wort sich verpflichtet hatte, bis hellenistischer Geist siegte und die Bildfeinde als Häretiker verdammte; aber noch tausend Jahre später mußte sich die Kirche mühsam und unter schweren Verlusten (die nur uns vorwiegend als eine beklagenswerte Einbuße an Kunstgut erscheinen mögen) der Bilder-

stürmer erwehren, die in dem asketisch-strengen Calvin ihren schärf-
sten Kämpfer fanden. Und an Eiferern aus ihren eigenen Reihen fehlt
es auch unsern Tagen nicht: war in der Vergangenheit der Bildersturm
eine Absage an wirklichen oder vermeintlichen Götzendienst, so meinen
die heutigen Gegner: „Wenn Euch die frommen Bilder nicht mehr
sind als eine Augenweide, dann wäre es besser, Ihr würfet sie ins Feuer!"

Das wollen wir freilich nicht tun, wohl aber den Kern der Wahrheit beherzigen, der in solchem Zorne steckt: wir wollen alle Liebe
entfalten, derer wir noch fähig sind, und uns, gerade bei der Betrach-
tung dieser oft ins Spielerische gehenden Christkindgestalten, davor
hüten, sie nur geschmäcklerisch zu sehen ...

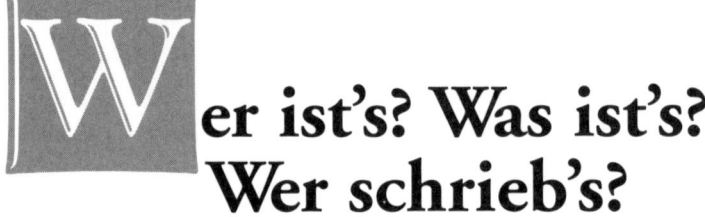

Wer ist's? Was ist's? Wer schrieb's?

Charakteristische Vorgänge – zuerst vage, dann immer hilfreicher nacherzählt ...

In diesem Quiz müssen acht Autoren, acht Werke und einige ihrer Figuren bestimmt werden, von denen freilich zwei gar keine Namen tragen (im 4. und im 6. unserer Beispiele); um so bekannter sind in diesen beiden Fällen freilich die Gegenspieler, deren Namen sogar in den Titeln der betreffenden Werke vorkommen.

Der Leser, der Ratende wird bemerken, daß jede unserer acht hier vorgestellten „Nacherzählungen" in drei Teile gegliedert ist. Diese Gliederung ist als Hilfe gedacht. Den Autor, das Werk und die gemeinte Figur nach dem Lesen nur des ersten Absatzes zu erraten, dürfte gewiß schwer sein. (Trotzdem bitte nicht zu rasch weiterlesen!) Nach der Lektüre des zweiten Absatzes ist die Auflösung schon etwas leichter, nach dem dritten Absatz, der die meisten konkreten Informationen und Hinweise bietet, noch einfacher.

Falls es einen Rat-Suchenden befriedigt, seine Leistungen mit Punkten zu bewerten, dann könnte man das Erraten einer Aufgabe nach Lektüre nur des ersten Absatzes mit drei, nach dem Lesen auch des zweiten mit zwei und nach Kenntnisnahme des dritten mit einem Pluspunkt bewerten. Absolut höchste erreichbare Punktzahl also: 24. Fehlerlose Lösung aller acht Fragen nach Lektüre des gesamten Quiz: 8 Punkte. Wer auf null Punkte kommt, hat immerhin noch manches schöne Lese- und Theatererlebnis vor sich.

Von den acht Aufgaben stammen sechs aus der deutschsprachigen Literatur. Alle Zitate in Anführungszeichen sind authentisch oder aus gängigen Übersetzungen.

Die Lösungen finden Sie auf S. 167/168.

Not macht erfinderisch

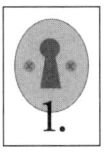

1.1 Pünktlich und sauber und gut parfümiert wollte er seinen gesellschaftlichen und höfischen Verpflichtungen nachkommen. Stolz berichtet er, wie er sich in fast aussichtsloser Lage verhielt: Er fingierte eine Ohnmacht, damit er nicht in schmutziger Kleidung seinem allerhöchsten Herrn vor Augen zu treten brauchte. Rasch wurde der anscheinend Besinnungslose in seine Kutsche getragen. Er raste nach Hause, machte sich wieder schön zurecht und kam ebenso reinlich wie pünktlich zu dem für ihn so wichtigen Termin.

1.2 „Mein Bester", sagt er, wenn er mit seinem Vorgesetzten spricht; „mein Süßer", wenn dieser ihm etwas Angst zu machen versucht. Und: „Mein Verstand steht still", wenn sein Präsident es schlau fertiggebracht hat, ihn in Schrecken zu versetzen. Eingeschüchtert läßt er sich denn auch dazu herbei, seinen Namen für eine gemeinsame Kabale herzugeben. Seine Vorliebe für Parfüm, für „Bisamgeruch" bedeutet bei diesem Spezialisten der feinen Manieren noch lange nicht, daß auch seine Weste rein sei. Sein einstiger Rivale hieß übrigens von Bock.

1.3 Ob er, am Schluß todängstlich, ahnt, was er angerichtet hat? Er hat einen feurigen jungen Mann dazu gebracht, die Geliebte zu verkennen; er hat ein junges Mädchen, das auch erpreßte Eide ernstnimmt, zum Opfer werden lassen. Die denkt nämlich, bürgerlich-moralisch, erst „der Tod hebt alle Eide auf". In Todesangst sagt unser Held dem Betrogenen die reine Wahrheit. Doch der glaubt dem Leugnenden natürlich nicht mehr. Möchte ihn erschießen, läßt es dann. „Für deinesgleichen ist kein Pulver erfunden."

Der glänzende Advokat

2.1 Berliner Staranwalt. Heißt freilich nach der Stadt, aus der angeblich die meisten Berliner kommen ... Muß um die Weihnachtszeit unangenehme Rückversicherungssache in Norddeutschland führen. Ein aus Schlesien stammender Direktor war „gerichtlich angeklagt, mehrere Male ein geschäftliches Manöver ausgeführt zu haben, das nicht fragwürdig, sondern unreinlich und verbrecherisch zu nennen war ... Brände hatten an verschiedenen Orten stattgefunden, größere Feuersbrünste, die der Gesellschaft, welche den damit Betroffenen

kontraktlich verbunden gewesen, große Summen gekostet haben würden". Und der Direktor sollte, „erst nachdem er durch seine Agenten
rasche vertrauliche Mitteilungen von den Unglücksfällen empfangen,
also bewußt betrügerischerweise, die Rückversicherungen bei einer
anderen Gesellschaft vorgenommen und dieser so den Schaden zu-
geschoben haben. Nun lag die Sache in den Händen des Staatsan-
waltes ...“

2.2 Fraglich – ob ein Berliner Staranwalt da tatsächlich von Nutzen
sein kann, ein raffinierter Rechtsvirtuose, „dem der Ruhm vorangeht,
soundso vielen betrügerischen Bankrottiers am Zuchthause vorbei-
geholfen zu haben“. Der Angeklagte – „und das gibt zuletzt über sein
gutes Gewissen zu denken“ – ist davon überzeugt. Und der teure
Anwalt vermag in der Tat verschiedene belastende Aussagen sehr
witzig zu entkräften.

2.3 Übrigens wird der Verteidiger nicht zur Weihnachtsfeier in die
etwas dekadente Senatorenfamilie eingeladen, deren angeheiratetes
Mitglied er vertritt. Privat kennt er freilich aus dem „Klub, von der
Weihnachtsfeier der Junggesellen und Suitiers“ den seltsamen Bruder
des Senators, einen phantasiebegabten, aber lebensuntüchtigen Hypo-
chonder. Sein Plädoyer war glänzend. Er hatte geredet, „wie man noch
niemals einen Menschen hatte reden hören“. Sogar der Staatsanwalt
gab zu, die Rede habe ihm wirklichen Genuß bereitet. „Aber das
Talent des berühmten Advokaten hatte nicht gehindert, daß die
Juristen der Stadt ihm auf die Schulter geklopft und ihm in aller
Bonhommie mitgeteilt hatten, sie ließen sich nichts weismachen ...“
Der Versicherungsdirektor wurde „zu einer Gefängnisstrafe von drei
Jahren und einem halben verurteilt und sofort in Haft genommen“.

Liebender unter lauter Egoisten

3.1 Eine sehr dämonische oder strahlende Rolle darf der junge Mann,
von dem die Mädchen des Ortes behaupten, er sei ein Herr, der „gar
heißes Blut“ habe, gewiß nicht spielen in dieser balladesken Story.
Trotzdem ist er keineswegs ein Kümmerling oder ein Außenseiter, sondern ganz normal und echter Liebe fähig.
    Spürt er, daß die Menschen, von denen er umgeben ist oder die
ganz plötzlich in sein Schicksal eingreifen, alle heillose (heilbare?)
Egoisten sind? Er kennt ein Du. Er liebt, schwört Treue; seine Braut in-

dessen schwärmt. Der Schwiegervater in spe, offensichtlich wohlhabend, möchte noch reicher werden und die Tochter an einen Fremden verkuppeln, der unendlich viel besitzt, seines Besitzes aber überdrüssig ist ...

3.2 Als normaler, liebevoller Jäger steht man da am Schluß mit leeren Händen da. Die Verlobte (ganz klar wird nicht, wer von den Brautleuten wem was versprochen hat; offenbar glaubt der Liebhaber, die Freundin hätte ihm mehr zugebilligt, als sie es wirklich tat, sie aber läßt ihn egoistisch in der Schwebe) schwärmt zwar von ewiger Treue, die sie für ein Phantom hegt, doch ob sie wirklich an eine irdisch-treue Liebe dabei denkt, das steht dahin. Wahrscheinlich geht es ihr, jungmädchensüchtig, jungmädchenselig, gerade nicht um dauernde Leidenschaft, sondern um raschen Liebestod. Sie will zugrunde gehen.

3.3 Und wie begann das alles? Mit der exzessiven Schwärmerei für zwei Kunstwerke: ein Bild und eine Ballade. Unter solchen Umständen haben normale Liebende kaum Chancen. Zumal die Dämonen in diesem Werk so kräftig sind, daß nicht etwa Ratio die Magie besiegt, sondern umgekehrt sogar der Vernünftige, wie er berichtet, von Alpträumen heimgesucht wird.

Begnadigung und tödliches Vergessen

4.1 Es muß ein sehr freundlicher armer Mann gewesen sein. Offenbar hat er auch Zimmer vermietet in einer kleinen Ortschaft irgendwo bei Rom. Und dabei kam dieser Mann mit der Weltgeschichte in Berührung: Ein berühmter, stolzer Soldat hat bei ihm gewohnt, ein Kriegsspezialist, dessen Namen wir heute noch kennen.

4.2 Offenbar war jener arme freundliche Mann zu dem Offizier so liebenswürdig, daß dieser seinen Gastgeber nicht vergaß. Denn später besiegte der Kriegsheld das Volk seines einstigen Gastgebers im Kampf. Auch jener bescheidene Mann wurde natürlich mit besiegt, wurde gefangen, mußte ein grausames Schicksal erwarten. So sah ihn der Krieger. Und er empfand Mitleid. Freilich gab er in der Wut des noch nicht beendeten Kampfes seinem Mitleid nicht nach.

4.3 Doch später fiel ihm dann sein ehemaliger Gastfreund wieder ein. Mittlerweile war der Sieg errungen, der Sieger war stolz genug, trotz seiner überlegenen entscheidenden Leistungen keinen größeren Beuteanteil zu verlangen, als ihn jeder andere bekommen würde. Aber dann fiel ihm ein, daß er doch etwas Gutes tun könne. Er bittet seinen Feldherrn: Man möge doch den armen Wirt von damals freilassen. Natürlich stößt er auf offene Ohren: „O schöne Bitte! Wär' er der Mörder meines Sohnes, er sollte frei sein, so wie der Wind. Entlaßt ihn, Titus." Der Gnadenakt kann also stattfinden. Wie heißt der zu Begnadigende?" Antwort: „Bei Jupiter! vergessen – ich bin erschöpft – Ja – mein Gedächtnis schwindet." Groß scheint die Erschütterung über dieses indirekte Todesurteil nicht zu sein, denn der abgekämpfte Krieger will sogleich wissen: „Ist hier nicht Wein?"

Der tapfere Amtsvorsteher

5.1 Unter den Vorgängern rissen schlechte Sitten ein. Nicht ausgeschlossen, daß untergeordnete Amtsdiener sich sogar mit Zigarren „regalieren" ließen, was für „eine Polizeiperson schmählich" ist. Allmählich muß das aber anders werden. „Meine Aufgabe hier ist: mustern und säubern." Dabei bekommt der Neue es mit ärgerlichen Lappalien und Schlimmerem zu tun. „Was hat sich im Schutze meines Herrn Vorgängers nicht alles für Kehricht hier angesammelt! Dunkle Existenzen, politisch verfemte, reichs- und königsfeindliche Elemente. Die Leute sollen zu stöhnen bekommen."

5.2 Besonders unangenehm fällt ein Privatgelehrter auf. Der Amtsvorsteher hat gute Gründe, die Lektüre dieses Mannes überprüfen zu lassen. Der „hält zwanzig Zeitungen. Auch demokratische sind mit drunter". Aber man kennt ja den Buchbinder, der des Verdächtigen Bücher betreut, und den Briefträger, der ihm die Periodica aushändigt. Noch unangenehmer, als regelrechter Querulant, belästigt ein halbtauber, reicher Rentier unseren Amtsrichter. Es ist unfaßlich, was dieser sich sagen lassen muß: „Sie wollen sich aufspielen, weiter nichts. Als ob Sie der König selber wären ..." Wenn der Amtsvorsteher nun darauf hinweist, daß er in seinem Bezirk ja schließlich auch eine Art König sei, dann lacht der Alte aus vollem Halse: „Ha, ha, ha, ha! Das lassen sie kut sein, in meinen Augen sind sie kar nichts. Sie sind'n kanz simpler Amtsvorsteher. Sie müssen erst lernen, einer zu werden." Gottseidank ist der Vorsteher klug genug, angesichts solcher Ausfälle das Alter des Rasenden zu berücksichtigen. Aber Mutlosigkeit kommt ihn schon an: „Wenn man nicht wüßte, für was man hier steht, da könnte man manchmal die Büchse ins Korn werfen."

5.3 Dieser Beamte verläßt sich auf Gefühl und Erfahrung. Er weiß, was von intellektuellen Staatsfeinden droht. „Man kennt sie ja, diese Wölfe im Schafspelz. Können keiner Fliege ein Beinchen ausreißen, aber wenn's darauf ankommt, sprengen die Hunde janz jroße Ortschaften in die Luft." Wirklicher Verlaß ist im Kampf gegen derartiges Gesindel letzten Endes doch nur auf die einfachen, arbeitsamen Menschen. Zum Beispiel auf eine Frau, die für viere schuftet. „Die denkt, alle Menschen sind wie sie. So ist's aber leider nicht in der Welt. Sie sehen die Menschen von außen an. Unsereins blickt nun schon etwas tiefer."

Dokumente müssen unterschrieben werden

6.1 Groß war die Not, von Feinden umgeben das Heer, Kälte, Sturm, Hunger und Regen seit Tagen. Für den Feldherrn ging es um Sein oder Nichtsein. „Es ist seit gestern früh keine Brotkrume mehr im Heere, und die Tapfren fechten und sagen nichts davon. Sollte das nicht die härteste Brust erschüttern?"

Aber nicht nur die Militärs kennen Pflichtbewußtsein, auch die Sekretäre. Mit einem Bündel Akten erscheint nämlich ein Schreiber mitten im Kampfgetümmel und erbittet die Unterzeichnung bestimmter Dokumente. Er will halt seine Papiere in Ordnung haben. Ein Kaufkontrakt über während der Kampfhandlungen bereits verlorenes Land muß noch unterschrieben werden. Daß der Feldherr schreit: „Schafft mir den gelbhaarigen Federhelden fort!" – man kann es verstehen.

6.2 Doch der ist nicht so leicht abzuschütteln. Er versteht sich als passiver Spezialist: „Sonst aber schreib ich hin, was man mir diktiert, und weiß oft nicht was", meint er seelenlos, woraufhin der vom Schreiber auch am nächsten Tag in noch heillosere Situation wiederum belästigte Feldherr sinniert: „Dergleichen Maschinen sind besser daran als ihre Werkmeister." Mittlerweile ist wirklich der Teufel los: „Eine Walküre über uns!" jubelt das Heer des Gegners. Dieser walkürenhaften Dame gibt ihr Gatte den Kosenamen „Neldchen".

6.3 Von dem unterliegenden Feldherrn erfahren wir, er sei sechzehn Jahre Statthalter in Syrien gewesen, bis Pontius Pilatus ihn ablöste. Am Ende stirbt der Schreiber, der als Besatzungssoldat manchmal grausam gewesen war, den Martertod. Seinem Feldherrn bietet der siegreiche

Gegner an: „Ergib dich! Du sollst gut behandelt werden." Seine Antwort: „Danke! ich behandle mich lieber selbst." Er stürzt sich in sein Schwert und stirbt.

Erwirbt er damit seines Gegners Respekt? So leicht läßt sich ein deutscher Held doch nicht beeindrucken. Verächtlich sagt er: „Noch im Tod ein Phrasenmacher. Lassen wir ihn liegen für unsere Geier und Raben."

Ruhiger Alterssitz

7.1 Wenn man hochbetagt ist und gehbehindert, dann genügt auch ein winziger Raum für die bescheidenen späten Jahre. Hauptsache, die Verpflegung kommt, Hauptsache, Sauberkeit ist gewährleistet, Hauptsache, man bleibt nicht ganz allein. Unsere beiden Alten trösten sich einigermaßen: sie erinnern sich an alte Zeiten, lachen von Herzen über wohlvertraute Scherze, bemühen sich sogar, wenn auch vergeblich, um körperliche Berührung. Ein Sohn des Paares hält sich auch in der Nähe auf. Aber das Verhältnis zwischen ihm und dem Vater wirkt gespannt. Der Vater mag den Erzählungen seines Sohnes nicht bedingungslos lauschen. Übrigens beschließen die Eltern, da man sie nicht mehr gut versorgt: „Wir müssen maulen." Immerhin: „Nicht ist komischer als das Unglück."

7.2 Der Vater berauscht sich daran, wie sehr der Sohn einst von ihm abhing. Daß er in der Nacht, ängstlich, nach ihm gerufen habe – und eben nicht nach der Mutter. Der Alte ist so egoistisch, eine Wiederholung dieser Situation zu erhoffen: „Ja, ich hoffe, so lange zu leben, daß ich dich nach mir rufen höre, wie einst, als du noch klein warst und Angst hattest, und als ich deine einzige Hoffnung war." Übrigens stirbt die Mutter im Laufe des monotonen Geschehens. Der Vater weint.

7.3 Tragische Töne werden kaum laut. Darüber ist dieses Spiel hinaus. Alles hört auf: der türkische Honig, der Zwieback. Über Begriffe wie „Ehre" lacht man. Perspektiven sind denkbar, in denen das Los der beiden Alten verzweifelt erscheint: als seien sie Müller, als sei das Leben selbst gestorben. Über dieses Werk wird nach wie vor gerätselt. Sein Autor meinte schein-schlicht: „Es ist ein Spiel. Nichts weniger."

Zwangsneurosen eines Gottesmannes

8.1 Er ist nicht mutig genug, vernünftige Angst zu haben. Wenn irgendwo jemand in die Gefahr des Ertrinkens käme, dann würde er („denn das Herz überflügelte den Kopf") sofort nachspringen. Und beide würden sie ersaufen, denn es scheint sich bei diesem Theologen um einen Nicht-Schwimmer zu handeln. Wie vermeidet er diese Situation? Nun, er geht immer weit entfernt von allen Ufern und Badestränden spazieren ... Als Kind konnte er nicht in der Kirche sitzen, ohne von der Zwangsvorstellung überfallen zu werden, er müsse aufstehen und schreien: „Ich bin auch da". Dann erschrak er so, daß er verwirrt weglief.

8.2 Wenn er einen Hund ohne Schwanz sieht, findet er das entsetzlich, weil man doch nur dem steilaufgerichteten Schweife ansehen könne, ob das Vieh die Tollwut habe oder nicht; jetzt, da der Schweif als Alarmsirene fehle, sei das gänzlich unerkennbar und auch die leiseste Sicherheit dahin. Sicherheit? Der Mann schaut beispielsweise ungern an Gefängnisfenstern hoch. Einerseits könnte aus bloßer Bosheit ein Gefangener herunterschreien, da unten stehe sein Spießgeselle, andererseits könnte auch ein Wachpolizist auf die Idee kommen, der an den Fenstern Hochschauende plane eine Befreiung.

8.3 Der Mann bleibt etwa bei einem Spaziergang ein wenig hinter seiner Frau zurück, um einem menschlichen Bedürfnis zu folgen. Doch der Besitzer jener Bude, in deren Schatten sich der Bedrängte zurückzog, glaubt, unser Freund mache sich heimlich heran, um etwas zu stehlen. Nun reagiert der falsch Verdächtige absurd. Er stellt sich, als sei er betrunken, spielt aber die Besoffenheitsrolle schlecht. Wenn seine Frau ihm nicht hülfe, hätte die Affäre ein böses Ende genommen. Das aber würde unseren ängstlichen Gottesmann nicht wundern, denn er befürchtet sogar eine unaufhaltbare Kettenreaktion, die nicht nur einen bestimmten Gegenstand, sondern die ganze Welt unbewohnbar machen, die ganze Erde in einen Galgen verwandeln würde.

Die ärztliche Kunst

Zwischen Medizinischem und Zynischem

Da Ärzte des Menschen Leben von der Wiege bis zur Bahre begleiten, finden sich in allen Literaturen Porträts berühmter, guter, hilfreicher, weiser, fahrlässiger und sonstiger Doktoren. Auch an Witzen und Karikaturen über Ärzte und Krankheiten haben es weder die Mediziner noch ihre Opfer fehlen lassen. Zum Beispiel: „Man muß für seinen Arzt geboren sein, sonst überlebt man ihn nicht." (Shaw).

Unser Quiz „Die ärztliche Kunst" bietet 19 teils bekannte, teils entlegenere Texte über Medizinisches, Medi-Zynisches. Damit nicht nur krankhaft versierte Leser jetzt den Kampf mit Ärztlichem aufnehmen, sollen sämtliche in diesem Quiz vertretenen Autoren, gleichsam zum herausprobierenden Enträtseln, genannt werden. Unsere Ratetexte stammen (in alphabetischer Ordnung) von: Benn, Büchner, Flaubert, Fontane, Goethe, Grass, Hemingway, Kafka, S. Lewis, Morgenstern, Jean Paul, Schnitzler, Shaw, Jesus Sirach, Tschechow und Karl Valentin. Jeder dieser Autoren ist, einmal oder mehrmals, im folgenden vertreten. Doch wer schrieb welchen Text? Um welche Werke handelt es sich?

Und nun viel Spaß beim hoffentlich nicht allzu qualvollen, hoffentlich aber auch nicht völlig schmerzfreien Raten.

Die Lösungen finden Sie auf S. 168/169.

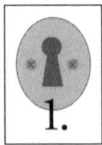

Vom Geist der Medizin

Der Geist der Medizin ist leicht zu fassen;
Ihr durchstudiert die groß' und kleine Welt,
Um es am Ende gehn zu lassen,
Wie's Gott gefällt.
Vergebens, daß Ihr ringsum wissenschaftlich schweift,

Ein jeder lernt nur, was er lernen kann;
Doch, der den Augenblick ergreift,
Das ist der rechte Mann.
Ihr seid noch ziemlich wohlgebaut,
An Kühnheit wird's Euch auch nicht fehlen,
Und wenn Ihr Euch nur selbst vertraut,
Vertrauen Euch die andern Seelen.
Besonders lernt die Weiber führen;
Es ist ihr ewig Weh und Ach
So tausendfach
Aus einem Punkte zu kurieren,
Und wenn Ihr halbweg ehrbar tut,
Dann habt Ihr sie all' unterm Hut.
Ein Titel muß sie erst vertraulich machen,
Daß Eure Kunst viel Künste übersteigt;
Zum Willkomm tappt Ihr dann nach allen Siebensachen,
Um die ein andrer viele Jahre streicht.

Mein Kind / Prüfe / Was einem Leibe gesund ist / und sihe /was ihm ungesund ist / das gib ihm nicht. Denn allerley dienet nicht jedermann / So mag auch nicht jedermann allerley.

Überfülle dich nicht mit allerley niedlicher Speise / und friss nicht zu girig. Denn viel fressen macht kranck / und ein unsettiger Fras kriegt das grimmen.

Viele haben sich zu tod gefressen / Wer aber messig ist / der lebet deste lenger.

Ehre den Artzt mit gebürlicher Verehrung / das du ihn habest zur not. Denn der Herr hat ihn geschaffen / und die Arztney kompt von dem Höhesten / und die Könige ehren ihn. Die kunst des Artzts erhöhet ihn / und macht ihn gros bey Fürsten und Herrn.

Der Herr lesst die Artzney aus der Erden wachsen / und ein Vernünfftiger veracht sie nicht ...

Max Gottlieb war ein deutscher Jude, im Jahre 1850 in Sachsen geboren. Obwohl er sich in Heidelberg das ärztliche Diplom holte, hatte er doch nie viel Interesse für die Praxis gehabt. Er war ein Anhänger von Helmholtz, und jugendliche Versuche in der Schallehre überzeugten ihn bald von der absoluten Wichtigkeit der quantitativen Methode in der ärztlichen Wissenschaft. Kochs große Entdeckung zog ihn zur Biologie hin. Er war immer ein pedantisch genauer Arbeiter, schrieb endlose Zahlenreihen, vergaß niemals mit veränderlichen Koeffizienten zu rechnen, war stets ein wütender Gegner all dessen, was er als Faulheit, Lüge oder Anmaßung betrachtete, und verschwendete niemals Gefühle auf die wohlmeinende Dummheit anderer. So arbeitete er in den Laboratorien von Koch und Pasteur ...

Dann fing eine Folge von Experimenten an, die sehr wichtig, sehr lang und sehr wenig aufregend waren und überhaupt nicht gewürdigt wurden ...

Am andern Morgen war es nicht besser und am dritten auch nicht.

„... das geht so nicht länger. Wenn so was einreißt, dann wird man's nicht wieder los; wovor die Doktoren am meisten warnen und mit Recht, das sind solche Verschleppungen."

Sie seufzte: „Ja, Mama, aber wen sollen wir nehmen? Nur keinen jungen. Ich weiß nicht, aber es würde mich genieren."

„Ein junger Doktor ist immer genant, und wenn er es nicht ist, desto schlimmer. Aber du kannst dich beruhigen; ich komme mit einem ganz alten, der mich schon behandelt hat, als ich noch in der Heckerschen Pension war, also vor etlichen zwanzig Jahren. Und damals war er nah an fünfzig und hatte schönes, graues Haar, ganz kraus. Er war ein Damenmann, aber in den richtigen Grenzen. Ärzte, die das vergessen, gehen unter, und es kann auch nicht anders sein ...."

„Und wie heißt denn der alte Geheimrat? Ich nehme an, daß es ein Geheimrat ist."

„Geheimrat Rummschüttel."

Sie lachte herzlich, „Rummschüttel! Und als Arzt für jemanden, der sich nicht rühren kann."

„... du sprichst so sonderbar. Große Schmerzen kannst du nicht haben."

"Nein, in diesem Augenblick nicht. Es wechselt beständig."

In Krankenhäusern und Sanatorien

Als er in die Stadt kam, um sein Amt in der „Gottgefälligen Anstalt" anzutreten, befand sich diese in einem greulichen Zustand. In den Krankenzimmern, in den Gängen und im Hof des Krankenhauses konnte man vor Gestank kaum atmen. Die Krankenwärter, die Pflegerinnen und deren Kinder schliefen gemeinsam mit den Kranken in den Krankenzimmern. Man hörte immerzu Klagen, daß man vor

Schaben, Wanzen und Mäusen sich nicht retten könne. In der Chirurgischen Abteilung hörte die Wundrose überhaupt nicht mehr auf. Im ganzen Krankenhaus gab es nur zwei Skalpelle und kein einziges Thermometer, in den Badewannen lagerten Kartoffeln. Der Verwalter, die Aufseherin über die Wäsche und der Feldscher bestahlen die Kranken, vom alten Arzt aber, dem Vorgänger ..., erzählte man, daß er sich insgeheim mit dem Verkauf des Krankenhausalkohols befasse und daß er sich aus den Pflegerinnen und den kranken Frauen einen ganzen Harem gebildet habe ...

Nach wie vor leitet Doktor Leander die Anstalt. Mit seinem zweispitzigen schwarzen Bart, der hart und kraus ist wie das Roßhaar, mit dem man die Möbel stopft, seinen dicken funkelnden Brillengläsern und diesem Aspekt eines Mannes, den die Wissenschaft gekältet, gehärtet und mit stillem, nachsichtigem Pessimismus erfüllt hat, hält er auf kurz angebundene und verschlossene Art die Leidenden in seinem Bann – alle diese Individuen, die, zu schwach, sich selbst Gesetze zu geben und sie zu halten, ihm ihr Vermögen ausliefern, um sich von seiner Strenge stützen lassen zu dürfen ...

Übrigens ist, neben Herrn Doktor Leander, noch ein zweiter Arzt vorhanden, für die leichten Fälle und die Hoffnungslosen. Aber er heißt Müller und ist überhaupt nicht der Rede wert.

Bevor er zurück war, kamen drei Ärzte in mein Zimmer. Ich habe bemerkt, daß Ärzte, die keinen Erfolg in der Ausübung ihres Berufs haben, die Neigung zeigen, bei Konsultationen die Gesellschaft und den Rat ihrer Kollegen in Anspruch zu nehmen. Ein Arzt, der dir den Blinddarm nicht ordentlich rausnehmen kann, wird dir einen Doktor empfehlen, der wiederum nicht in der Lage ist, dir erfolgreich die Mandeln rauszunehmen. Dies waren drei solche Ärzte.

„Dies ist der junge Mann", sagte der Lazarettarzt mit den zarten Fingern ...

„Bitte, bewegen Sie das Knie", sagte der bärtige Doktor.

„Ich kann nicht."

„Wollen wir das Gelenk untersuchen?" fragte der bärtige Doktor.

Er hatte drei Sterne und einen Streifen auf dem Ärmel. Dies bedeutete, daß er ein Oberstabsarzt war.

„Gewiß", sagte der Lazarettarzt. Zwei von ihnen ergriffen sehr vorsichtig mein rechtes Bein und bogen es.

„Das tut weh", sagte ich ...

„Wollen Sie Ihr Knie behalten, junger Mann?"

„Nein", sagte ich.

„Wie?"

„Ich will, daß man es abnimmt", sagte ich, „damit ich einen Haken daran tragen kann".

„Was meinen Sie? Haken?"

„Er scherzt", sagte der Lazarettarzt. Er klopfte mir sehr zart auf die Schulter. „Er will sein Knie behalten. Er ist ein sehr tapferer junger Mann. Er ist für die silberne Tapferkeitsmedaille eingegeben."

8.

Aber es konnte jetzt hin und wieder vorkommen, daß er durch die Hallen ging, ohne jeden einzelnen ordnungsgemäß zu befragen, sei es nach der Zahl seiner Hustenstöße, sei es nach der Wärme seines Darms ...

Allmählich fing er an, seinen Dienst nur noch unregelmäßig zu versehen: namentlich aber, wenn er sich gesprächsweise zu dem Verwalter oder der Oberin über irgendeinen Gegenstand äußern sollte, wenn er fühlte, jetzt sei es daran, eine Äußerung seinerseits dem in Frage stehenden Gegenstand zukommen zu lassen, brach er förmlich zusammen. Was solle man denn zu einem Geschehen sagen? ... Er aber möchte nur leise vor sich hinsehn und in seinem Zimmer ruhn ...

9.

Kunstfehler

ARZT: *(stellt sich vor)*: Doktor F. Ich sehe es nämlich als einen Fingerzeig des Himmels an, Herr Professor, daß Sie in dieser Stunde – daß ich das Glück habe – Ich bin praktischer Arzt in Oberhollabrunn. Es ist eine Anklage gegen mich erhoben.

PROFESSOR: Ach ja. Ich weiß schon. *Liebenswürdig.* Sie haben eine hinüberspediert – eine Lehrersgattin –

ARZT *(entsetzt)*: Herr Professor sind falsch berichtet. Wenn Sie den Fall erst – wenn Sie die große Güte haben werden, den Fall genau – Es war eine Reihe von unglücklichen Zufällen.

PROFESSOR: Ja, das ist dann immer so. Aber solche Zufälle würden eben nicht eintreten, wenn die jungen Leute nicht so ohne alle Vorbildung hinaus in die Praxis drängten. Da macht man mit Ach und Krach seine paar Prüfungen und denkt, Gott wird schon weiterhelfen. Aber zuweilen hilft er eben nicht und hat seine triftigen Gründe.

ARZT: Herr Professor, wenn Sie mir erlauben wollten – ich habe alle meine Prüfungen mit Auszeichnung bestanden, sogar in Geburtshilfe.

Und in die Praxis mußte ich hinaus, weil ich sonst verhungert wäre.
Und daß diese arme Frau nach der Geburt verblutet ist, ich wage es kühn
zu behaupten, es hätte ihr auch bei einem Professor passieren können.
PROFESSOR: Es gibt allerlei Professoren.
ARZT: Aber wenn's ein Professor gewesen wäre, dann hätte man ihn
nicht angeklagt, sondern – sondern es wäre Gottes unerforschlicher
Ratschluß gewesen.
PROFESSOR: Ah, meinen Sie. Na ja.

Ein Hecht, vom heiligen Anton
bekehrt, beschloß, samt Frau und Sohn,
am vegetarischen Gedanken
moralisch sich emporzuranken.

Er aß seit jenem nur noch dies:
Seegras, Seerose und Seegrieß.
Doch Grieß, Gras, Rose floß, o Graus,
entsetzlich wieder hinten aus.

Der ganze Teich ward angesteckt.
Fünfhundert Fische sind verreckt.
Doch Sankt Anton, gerufen eilig,
sprach nichts als „Heilig! heilig! heilig!"

Praktiker (Hausärzte)

DOKTOR: Was würden Sie sagen, wenn Sie meine Praxis hätten? Von
den Arbeitsvereinen abgesehen, sind alle meine Patienten Angestellte
und Handlungsgehilfen. Die wagen nicht krank zu sein; sie können
sich's nicht leisten. Und wenn sie zusammenbrechen, was kann ich für
die armen Teufel tun? Sie können Ihre Patienten nach Sankt Moritz
oder nach Ägypten schicken, können ihnen Reiten oder Automobil-
fahren oder Champagner oder eine sechsmonatige Luftveränderung
und Ruhe verordnen. Ich könnte meinen Patienten ebensogut eine
Mondscheibe empfehlen. Und das Schlimmste ist, ich bin selbst zu
arm, um gesund zu bleiben, bei der Kost, auf die ich angewiesen bin.
Ich habe eine so elende Verdauung und sehe auch danach aus. Wie
kann ich da Vertrauen einflößen?
PROFESSOR: Halten Sie ein, ... das ist zu schrecklich. Nichts Tragi-
scheres auf der Welt als ein kranker Arzt.

Gegen vier Uhr morgens machte er sich, warm in seinen Mantel gewickelt, auf den Weg ... Sogleich fiel ihm das gebrochene Bein wieder ein, und er suchte sich sämtliche Knochenbrüche, die er gelernt hatte, ins Gedächtnis zurückzurufen. Es regnete nicht mehr; der Tag graute, und auf den Zweigen der kahlen Apfelbäume hockten unbeweglich die Vögel, ihr kleines Gefieder im kalten Morgenwind aufgeplustert. Endlos dehnte sich das flache Land ... Im Weiterreiten duselte er, obwohl er ab und zu die Augen gewaltsam aufriß, bald wieder ein und verfiel in eine Art Dämmerzustand, in dem die jüngsten Eindrücke mit Erinnerungen verschmolzen, so daß er sich gleichsam doppelt empfand und sich als Ehemann im Bett liegen und gleichzeitig als Student durch den Operationssaal schreiten sah, wie einst. Der warme Dunst der Umschläge mischte sich in seinem Kopf mit dem herben Geruch des Morgentaus; er hörte das Klirren der Eisenringe an den Vorhangstangen der Krankenbetten und zugleich das Schnarchen seiner Frau ...

Nun, hier wäre also mein Besuch zu Ende, man hat mich wieder einmal unnötig bemüht, daran bin ich gewöhnt, mit Hilfe meiner Nachtglocke martert mich der ganze Bezirk ... Als ich aber meine Handtasche schließe und nach meinem Pelz winke, die Familie beisammensteht, der Vater schnuppernd über dem Rumglas in seiner Hand, die Mutter, von mir wahrscheinlich enttäuscht – ja, was erwartet denn das Volk? – tränenvoll in die Lippen beißend und die Schwester ein schwer blutiges Handtuch schwenkend, bin ich irgendwie bereit, unter Umständen zuzugeben, daß der Junge doch vielleicht krank ist. Ich gehe zu ihm, er lächelt mir entgegen, als brächte ich ihm etwa die allerstärkste Suppe – ach, jetzt wiehern beide Pferde; der Lärm soll wohl, höhern Orts angeordnet, die Untersuchung erleichtern – und nun finde ich: ja, der Junge ist krank. In seiner rechten Seite, in der Hüftengegend hat sich eine handtellergroße Wunde aufgetan ...

PATIENT: O mei, Herr Doktor, mit meim Magn stimmst nimmer recht. Jedesmal, wenn ich gegessen hab, dann hab ich den Magn so voll.

ARZT: Ja, das ist doch keine Krankheit, das ist doch ganz logisch, wenn Sie in den Magen was hineintun, muß er ja voll werden. – Wie ist es denn, wenn Sie nichts essen?

PATIENT: Ganz das Gegenteil, dann fühl ich so eine Leere im Magen.

ARZT: Na sehen Sie, dann ist doch Ihr Magen in Ordnung.
PATIENT: Ja, aber wie kommt denn das dann, daß ich beim Stiegen-
steigen so schnaufen muß?
ARZT: Ja, mein Lieber, da muß ein anderer auch schnaufen, aber das
hängt doch nicht mit dem Magen zusammen, sondern mit der Lunge.
PATIENT: Ja, auf der Lunge bin ich gsund, da fehlt mir nix, trotzdem
ich mir vor zwei Jahren an Fuß brochen hab.

Spezialisten (Fachärzte)

ARZT: Ich sage dir, mein Kind, ein Chirurgus ist der verehrungswür-
digste Mann auf dem ganzen Erdboden. Der Theolog befreit dich von
der Sünde, die er selbst erfunden hat; der Jurist gewinnt dir deinen
Prozeß und bringt deinen Gegner, der gleiches Recht hat, an den
Bettelstab; der Medikus kuriert dir eine Krankheit weg, die andere
herbei, und du kannst nie recht wissen, ob er dir genutzt oder geschadet
hat: der Chirurgus aber befreit dich von einem reellen Übel, das du dir
selbst zugezogen hast oder das dir zufällig und unverschuldet über den
Hals kommt; er nutzt dir, schadet keinem Menschen, und du kannst
dich unwidersprechlich überzeugen, daß seine Kur gelungen ist.
TOCHTER: Freilich auch, wenn sie nicht gelungen ist.
ARZT: Das lehrt dich den Pfuscher vom Meister unterscheiden. Freue
dich, meine Tochter, daß du einen solchen Meister zum Vater hast ...

ARZT: Die Natur! ..., der Mensch ist frei, in dem Menschen verklärt
sich die Individualität zur Freiheit. – Den Harn nicht halten können!
... ich ärgre mich nicht; Ärger ist ungesund, ist unwissenschaftlich. Ich
bin ruhig, ganz ruhig; mein Puls hat seine gewöhnlichen 60, und ich
sag's ihm mit der größten Kaltblütigkeit. Behüte, wer wird sich über
einen Menschen ärgern, ein' Menschen!

Es war Jähzorn ...
     „Das verbitte ich mir!" schrie er. „Ich bin erstens überhaupt kein
Besitzer! Ich bin ein Angestellter hier! Ich bin Arzt! Ich bin nur Arzt,
verstehen Sie mich?! Ich bin kein Kuppelonkel! Ich bin kein Signor
Amoroso auf dem Toledo im schönen Neapel, verstehen Sie mich
wohl?! Ich bin ein Diener der leidenden Menschheit: Und sollten Sie
sich eine andere Auffassung gebildet haben von meiner Person, dann
können Sie beide zum Kuckuck gehen, in die Binsen oder vor die
Hunde, ganz nach beliebiger Auswahl. Glückliche Reise!"

Mit langen und breiten Schritten ging er zur Tür hinaus, durch die Tür, die ins Vorzimmer des Durchleuchtungsraumes führte, und ließ sie hinter sich zukrachen.

Rat suchend blickten die Vettern auf Dr. Krokowski, der sich jedoch in seine Papiere vertieft und vergraben zeigte ...

„Raten Sie mir doch, Herr Professor", fragte der Fürst, „welche Motion ist die beste?" – „Gehen, Durchlaucht, als die rechte Mitte zwischen Reiten und zwischen Fahren", antwortete der Doktor. „Aber ich gehe täglich, und es hilft mir wenig", versetzte der dickleibige Regent. „Wahrscheinlich darum", sagte der Doktor, „weil Höchstderoselben vielleicht nur mit den Füßen gehen; was zum Teil seine Nachteile hat –", *(der Fürst sah ihn fragend an)* „denn auch mit den Händen muß zu selber Zeit gegangen und sich bewegt werden, da wir Säugetiere in Rücksicht des Körpers ja Vierfüßler sind, wie Moscati sehr gut, nur mit Übertreibungen, bewiesen." – Er setzte nun die Sache mehr ins Licht und zeigte: „das Venenblut steige ohnehin schwer die Füße herauf, häufe sich aber noch mehr in ihnen an, wenn man sie allein in Bewegung und Reizung setzt ..." Und hier machte der Doktor dem Fürsten den offiziellen Gang mit gehenden Perpendikelarmen so geschickt vor, daß er, wie ein trabendes Pferd, Ober- und Unterbeine in entgegengesetzter Richtung vorwärts und hinterwärts schlug; – und die ganze Badgesellschaft sah von fernen den unbegreiflichen und unehrerbietigen Schwenkungen des Doktors vor dem Fürsten zu.

ZAHNARZT: Die Karies ist eine Zivilisationserkrankung ... So finden wir bei polynesischen Inselbewohnern mit primitiver Lebensweise nur 0,32 Prozent Kariesfälle, während bei den zivilisierten Bewohnern dieser Insel 21,9 Prozent Kariesfälle registriert worden sind ...

Wie diese Tabelle beweist, haben die zwangsweise eingeführten Restriktionen der Nahrung während der letzten beiden Weltkriege die Kariesintensität eindeutig herabgesetzt ... Deshalb werde ich nächstens auf Süßigkeiten und ihre Schädlichkeit zu sprechen kommen. Doch lassen Sie mich abschließend sagen: Gäbe es weniger Politologen, dafür mehr Zahnärzte, der Welt wäre geholfen. Der Welt wäre ein wenig geholfen.

erliebt, verlobt, verheiratet

Lauter Leidenschaften – mitleiderregend, pathetisch oder auch komisch

Zu erraten sind: Der Name des Helden oder der Heldin, die hier in elf Szenenausschnitten aus berühmten Dramen und Opern entweder miteinander oder mit Eltern, Gouvernanten, Freunden über sich und ihre Gefühle sprechen. Das fängt mit der Bekundung einer noch nicht einmal verliebten, aber die Liebe nicht fürchtenden Prinzessin an und hört mit dem Dialog eines Ehepaares auf, das die eigene Ehe versehentlich vergessen hat.

Die zu erratenden Namen der jeweils Liebenden oder in ein eheähnliches Verhältnis Gezwungenen sind getilgt. Statt dessen steht hier durchgehend „Held" und „Heldin". Falls die Namen im Dialog auftauchen, gar in Versform, dann sind sie durch Silbenzeichen ersetzt. Pro Silbe ein Gedankenstrich.

Zu erraten wären also: Die Namen der jeweils beteiligten Verliebten, Verlobten, Verheirateten und die Titel der benutzten Dramen- oder Libretto-Texte.

Die Lösungen finden Sie auf S. 169/170.

Berechtigte Angst vor dem Unbekannten?

HELDIN: O Gott, ich könnte lieben, warum nicht? Man geht ja so einsam und tastet nach einer Hand, die einen hielte, bis die Leichenfrau die Hände auseinandernähme und sie jedem über der Brust faltete. Aber warum schlägt man einen Nagel durch zwei Hände, die sich nicht suchten? Was hat meine arme Hand getan? *Sie zieht einen Ring vom Finger.* Dieser Ring sticht mich wie eine Natter.

GOUVERNANTE: Aber – er soll ja ein wahrer Don Carlos sein!
HELDIN: Aber – ein Mann ...
GOUVERNANTE: Nun?
HELDIN: Den man nicht liebt. *Sie erhebt sich.* Pfui! Siehst du, ich schäme mich. Morgen ist aller Duft und Glanz von mir gestreift. Bin ich denn wie die arme, hilflose Quelle, die jedes Bild, das sich über sie bückt, in ihrem stillen Grund abspiegeln muß? Die Blumen öffnen und schließen, wie sie wollen, ihre Kelche der Morgensonne und dem Abendwind. Ist denn die Tochter eines Königs weniger als eine Blume?
GOUVERNANTE *weinend*: Lieber Engel, du bist doch ein wahres Opferlamm.
HELDIN: Jawohl, und der Priester hebt schon das Messer. – Mein Gott, mein Gott, ist es denn wahr, daß wir uns selbst erlösen müssen mit unserm Schmerz?

Brutalität verrät Dummheit

HELDIN: Sie tun mir wirklich weh, mein Herr!
HELD: Erinnerst du dich nicht an die Nacht, eh ich hinauszog? Es schien der Mond, der volle Mond; wir saßen hier im Park. –
HELDIN: Man küßte sich, ich weiß, ich war dabei ... Ich war ein Backfisch. Es tut mir leid. Ich wußte nicht, was Liebe heißt. Wer nimmt das große Wort nicht in den Mund! Bloß weil der Mond dazu scheint. Ist es nicht so? Man läßt sich gehn, bloß weil nichts anderes vorhanden ist. So ist es doch! – und weil man nicht mehr glaubt, daß je ein Mann erscheinen wird, wo all dies keine Lüge ist ... Ich werde Ihr Glück nicht sein.
HELD: Und wenn ich dich zwinge dazu?
HELDIN: Das ist alles, was ich dazu sagen kann: Ich werde Ihr Glück nicht sein. Ich liebe Sie nicht.
HELD: Zum letzten Mal -
HELDIN: Sie sind lächerlich. Gehn Sie! Sie glauben an die Macht. Aller Erfahrung zum Trotz. Sie glauben an das Glück durch Macht. Sie tun mir leid. Sie sind dumm.

Göttliche Fügung oder früher Freud?

HELDIN: Endlich kam ich in sein Haus, und seine alte Mutter trat mir mit einem feierlichen Gesicht entgegen. Es kostete mich Überwindung; sie Mutter zu nennen; ich glaubte, meine Mutter müsse das in ihrem Grabe fühlen, und es müsse ihr weh tun. Dann salbtest du mich mit Narden und Öl, da hatt' ich doch wahrlich eine Empfindung, als wäre ich tot und würde als Tote gesalbt; du sagtest auch, ich würde als Tote gesalbt; du sagtest auch, ich würde bleich. Nun kam Manasses, und als er mich anschaute, erst schüchtern, dann dreist und immer dreister, als er zuletzt meine Hand faßte und etwas sagen wollte und nicht konnte, da war mirs ganz so, als ob ich in Brand gesteckt würde, als ob es lichterloh aus mir herausflammte ... Wir gingen in die Kammer hinein; die Alte tat allerlei seltsame Dinge und sprach etwas, wie einen Segen; mir ward doch wieder schwer und ängstlich, als ich mich mit Manasses allein befand: Drei Lichter brannten, er wollte sie auslöschen; laß, laß, sagte ich bittend: Närrin! sagte er, und wollte mich fassen – da ging eins der Lichter aus, wir bemerktens kaum; er küßte mich – da erlosch das zweite. Er schauderte und ich nach ihm, dann lachte er und sprach: das dritte lösch ich selbst; schnell, schnell, sagte ich, denn es überlief mich kalt; er tats. Der Mond schien hell in die Kammer, ich schlüpfte ins Bett. Manasses rief: ich sehe dich so deutlich wie am Tage, und, kam auf mich zu. Auf einmal bleib er stehen; es war, als ob die schwarze Erde eine Hand ausgestreckt und ihn von unten damit gepackt hätte. Mir wards unheimlich; komm, komm rief ich, und schämte mich gar nicht, daß ichs tat. Ich kann ja nicht, antwortete er dumpf und bleiern, ich kann nicht! wiederholte er noch einmal und starrte schrecklich mit aufgerissenen Augen zu mir herüber, dann schwankte er zum Fenster und sagte wohl zehnmal hintereinander: ich kann nicht! Er schien nicht mich, er schien etwas Fremdes, Entsetzliches, zu sehen.

Märchenhafte Gefühls-Sicherheit

HELD: Du bist mir wohl recht gut?
HELDIN: Gewiß! von Herzen.
HELD: Aber ich – was meinst Du? ich nicht.
HELDIN *(lächelnd)*: O Schelm!
HELD: Was, Schelm! Ich hoff –?
HELDIN: Oh geh! – Verliebt ja wie ein Käfer bist Du mir.
HELD: Ein Käfer! Was! Ich glaub' Du bist –?
HELDIN: Was sagst Du?
HELD: *(mit einem Seufzer)*: Ihr Glaub ist wie
ein Thurm so fest gegründet! –
Sei's! Ich ergebe mich darin. – Doch. – Wenn's ist, wie Du mir sagst -

HELDIN: Nun? Was beliebt?
HELD: Was, sprich, was soll draus werden?
HELDIN: Ja! Hast Du's schon bedacht?
HELDIN: Je, nun -
HELD: – Was heißt das?
HELDIN: Zu Ostern, übers Jahr, wirst Du mich heuern.
HELD: *(das Lachen verbeißend)*: So! Heuern!
In der That! das wußt' ich nicht!
Kathrinchen schau! – Wer hat Dir das gesagt?
HELDIN: Das hat die Mariane mir gesagt.
HELD: So! Die Mariane! Ei! – Wer ist denn das?
HELDIN: Das ist die Magd, die sonst das Haus fegte.
HELD: Und die, die wußt' es wiederum von wem?
HELDIN: Die sah's mit Blei, das sie geheimnisvoll
in der Sylvesternacht mir zugegossen.

Idealistin unter Bettlern

MUTTER: Sag mal, genierst du dich gar nicht?
HELDIN: Mutter, wenn du je geliebt hast ...
MUTTER: Geliebt! Diese verdammten Bücher, die du gelesen hast,
die haben dir den Kopf verdreht. —, das machen doch alle so!
HELDIN: Dann mach ich eben eine Ausnahme.
MUTTER: Dann werde ich dir deinen Hintern versohlen, du Aus-
nahme.
HELDIN: Ja, das machen alle Mütter, aber das hilft nichts. Weil die
Liebe größer ist, als wenn der Hintern versohlt wird.
MUTTER: –, schlag dem Faß nicht den Boden aus.
HELDIN: Meine Liebe laß ich mir nicht rauben.
MUTTER: Noch ein Wort, und du kriegst eine Ohrfeige.
HELDIN: Die Liebe ist aber doch das Höchste auf der Welt.

Holde, ahnungslose Freude

HELD: Und du verzeihst die Freiheit, die ich nahm?
Was sich die Frechheit unterfangen.
Als du jüngst aus dem Dom gegangen?
HELDIN: Ich war bestürzt, mir war das nie geschehn;
Es konnte niemand von mir Übles sagen.
Ach, dacht' ich, hat er in deinem Betragen

Was Freches, Unanständiges gesehn?
Es schien ihn gleich nur anzuwandeln,
Mit dieser Dirne gradehin zu handeln. Gesteh'
ich's doch! Ich wußte nicht, was sich
zu Eurem Vorteil hier zu regen gleich begonnte.
Allein gewiß, ich war recht bös' auf mich,
daß ich auf Euch nicht böser werden konnte.
HELD: Süß Liebchen!
HELDIN: Laß einmal!
(Sie pflückt eine Sternblume und zupft die Blätter ab, eins nach dem andern.)
HELD: Was soll das? Einen Strauß?
HELDIN: Nein, es soll nur ein Spiel.
HELD: Wie?
HELDIN: Geht! Ihr lacht mich aus. *(Sie rupft und murmelt.)*
HELD: Was murmelst du?
HELDIN *(halblaut)*: Er liebt mich – Liebt mich nicht.
HELD: Du holdes Himmelsangesicht!
HELDIN *(fährt fort)*: Er liebt mich – Nicht – Liebt mich – Nicht – *(Das letzte Blatt ausrupfend, mit holder Freude)* Er liebt mich!
HELD: Ja, mein Kind! Laß dieses Blumenwort
dir Götterausspruch sein. Er liebt dich!
Verstehst du, was das heißt? Er liebt dich! *(Er faßt ihre beiden Hände)*
HELDIN: Mich überläuft's!

Der Mörder und die Witwe

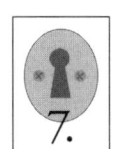

HELD: Ward je in dieser Laun' ein Weib gefreit?
Ward je in dieser Laun' ein Weib gewonnen?
Ich will sie haben, doch nicht lang behalten.
Wie; ich, der Mörder ihres Manns und Vaters.
In ihres Herzens Abscheu sie zu fangen,
Im Munde Flüche, Tränen in den Augen,
Der Zeuge ihres Hasses blutend da;
Gott, ihr Gewissen, all dies wider mich,
Kein Freund, um mein Gesuch zu unterstützen,
Als Heuchlerblicke und der bare Teufel:
Und doch sie zu gewinnen! Alles gegen Nichts! Ha! ...
Auf mich, der hinkt und mißgeschaffen ist?
Mein Herzogtum für einen Bettlerpfennig,

Ich irrte mich in mir die ganze Zeit:
So wahr ich lebe, kann ich's gleich nicht finden.
Sie find't, ich sei ein wunderhübscher Mann.
Ich will auf einen Spiegel was verwenden.
Und ein paar Dutzend Schneider unterhalten,
Um Trachten auszusinnen, die mir steh'n.
Da ich bei mir in Gunst gekommen bin,
So will ich's auch mir etwas kosten lassen.

8. Beleidigend unpassender Traum

HELDIN: Er Katzenkof, Er unvorsichtiger! Läßt man in einer Dame
Schlafzimmer den Degen herumliegen? Hat er keine besseren Gepflo-
genheiten?
HELD: Wenn Ihr zu dumm ist, wie ich mich benehm, und wenn Ihr
abgeht, daß ich kein Geübter nicht in solchen Sachen bin, dann weiß
ich nicht, was Sie überhaupt an mir hat!
HELDIN: Philosphier Er nicht, Herr Schatz, und komm Er her. Jetzt
wird gefrühstückt. Jedes Ding hat seine Zeit.
Held setzt sich dicht neben sie. Sie frühstücken sehr zärtlich ...
HELDIN: Mein Bub! *(Sie frühstücken.)*
HELD *lustig*: Der Feldmarschall sitzt im crowatischen Wald und jagt
auf Bären und Luchsen, und ich sitz hier, ich junges Blut, und jag auf
was? Ich hab ein Glück, ich hab ein Glück!
HELDIN *(indem ein Schatten über ihr Gesicht fliegt)*: Laß Er den Feld-
marschall mit Ruh! Mir hat von ihm geträumt.
HELD: Heut nacht hat dir von ihm geträumt? Heut nacht?
HELDIN: Ich schaff mir meine Träume nicht an.
HELD: Heute nacht hat dir von deinem Mann geträumt?
HELDIN: Mach Er nicht solche Augen. Ich kann nichts dafür. Er war
auf einmal wieder zu Haus.
HELD: Der Feldmarschall?

9. Seltsamer Empfang eines Heimkehrers

HELDIN: Und nun ...
Steig ab vom Wagen, doch den Boden soll
Der Fuß nicht treten, der sich Troja nahm!
Was zögern meine Mägde! Hieß ich euch
Nicht Teppiche verbreiten auf den Weg? ...

HELD: ... Laß
Den Teppichpfad, der doch nur Neid erweckt!
Nur Göttern werde solcher Glanz zuteil!
Daß ich als Sterblicher die bunte Pracht
Betrete, kann nicht ohne Furcht geschehn.
Fußmatten nenne nicht mit gleichem Wort
Wie Prachtgewänder! Schlichter Sinn, er ist
Das höchste Gut! Lobpreisen kann man
Erst ein Leben, das im Glück zu Ende ging!
Nun kennst du meine Sorge, mein Begehr.
HELDIN: Und hör ich nun dein letztes Manneswort ...?
HELD: Du sollst es hören, klar und ohne Falsch!
HELDIN: Wie, wenn ein alter Schwur den Prunk gelobt ...?
HELD: Nur wer von Sinnen, schüre solchen Schwur!
HELDIN: Und hätte Priamos gesiegt, was denn ...?
HELD: Die Decken lägen unter seinem Fuß.
HELDIN: So schlag auch du die Tadler aus dem Sinn!
HELD: Doch hat des Volkes Stimme große Macht!
HELDIN: Wo nichts zu neiden ist, da bleibt sie stumm!
HELD: Von welcher Kampflust glüht dies Frauenherz!
HELDIN: Und muß der Sieger immer ... Sieger sein?
HELD: So Großes wäre dir der kleine Sieg?
HELDIN: Ergib dich ... denn du bleibst der Stärkere!

Ehekrach in oberen Rängen

HELD: Der alte Sturm
die alte Müh!
Doch Stand muß ich hier halten!
HELDIN *je näher sie kommt, mäßigt sie den Schritt und stellt sich mit
Würde vor – hin:*
Wo in Bergen du dich birgst,
der Gattin Blick zu entgehn,
einsam hier
such ich dich auf,
daß Hilfe du mir verhießest.
HELD: Was – kümmert,
künde sie frei.
HELDIN: Ich vernahm Hundings Not.
Um Rache rief er mich an:

Der Ehe Hüterin
hörte ihn,
verhieß streng
zu strafen die Tat
des frech frevelnden Paars,
das kühn den Gatten gekränkt.
HELD: Was so Schlimmes
schuf das Paar,
das liebend einte der Lenz?
Der Minne Zauber
entzückte sie:
wer büßt mir der Minne Macht?
HELDIN: Wie törig und taub du dich stellst,
als wüßtest fürwahr du nicht,
daß um der Ehe
heiligen Eid,
den hart verletzten, ich klage!
HELD: Unheilig
acht ich den Eid,
der Unliebende eint;
und mir wahrlich
mute ich nicht zu,
daß mit Zwang ich halte,
was dir nicht haftet:
denn wo kühn Kräfte sich regen,
da rat ich offen zum Krieg.
HELDIN: Achtest du rühmlich
der Ehe Bruch,
so prahle nun weiter
und preis es heilig,
daß Blutschande entblüht
dem Bund eines Zwillingspaars!

Gewohnheit stumpft das Erinnerungsvermögen ab

HELD: Verzeihung, Madame, doch es scheint mir – wenn ich mich nicht irre – als wäre ich Ihnen bereits irgendwo begegnet.
HELDIN: Mir auch, Monsieur, mir scheint als wäre ich Ihnen bereits irgendwo begegnet.
HELD: Habe ich Sie nicht zufällig in Manchester gesehen, Madame?

HELDIN: Das wäre sehr gut möglich. Ich bin aus Manchester gebürtig. Aber ich erinnere mich nicht sehr gut, Monsieur ...
HELD: Mein Gott, wie seltsam! Ich bin auch aus Manchester gebürtig, Madame!
HELDIN: Wie seltsam!
HELD: Wie sonderbar! ... Nur habe ich, Madame, Manchester vor ungefähr fünf Wochen verlassen.
HELDIN: Wie sonderbar! Welch ein Zusammenspiel! Ich habe Manchester, Monsieur, auch vor ungefähr fünf Wochen verlassen!
HELD: Ich nahm den Zug eine halbe Stunde nach acht Uhr früh, der eine Viertelstunde vor fünf in London eintrifft, Madame.
HELDIN: Wie seltsam! Wie unbegreiflich! Welch ein Zusammenspiel! Ich nahm denselben Zug wie Sie, Monsieur!
HELD: Mein Gott, wie unbegreiflich! Dann habe ich Sie, Madame, vielleicht in jenem Zug gesehen?
HELDIN: Das ist gut möglich, nicht ausgeschlossen, scheint mir plausibel, und warum nicht, vielleicht! ... Doch erinnere ich mich überhaupt nicht, Monsieur! ...
HELD: Seit ich in London eintraf, chère Madame, wohne ich an der Bromfieldstreet.
HELDIN: Wie sonderbar! Wie unbegreiflich! Seit meiner Ankunft in London wohne ich auch in der Bromfieldstreet, cher Monsieur ... Wie unbegreiflich! Und welch ein Zusammenspiel!
HELD: Ich habe eine kleine Tochter, mein Töchterchen, sie wohnt bei mir, chère Madame. Sie ist zwei Jahre alt, ist blond, hat ein weißes und ein rotes Auge, ist sehr hübsch, heißt Alice, chère Madame.
HELDIN: Welch unbegreifliches Zusammenspiel! Auch ich habe eine kleine Tochter, sie ist zwei Jahre alt, hat ein weißes und ein rotes Auge, ist sehr hübsch und heißt auch Alice, cher Monsieur! ...
Nach langem Nachdenken steht er auf, ohne sich zu beeilen, und geht langsam auf — zu. Diese, von der feierlichen Miene ihres Gatten überrascht, hat sich ebenfalls erhoben. — hat immer noch eine seltene, leicht singende, monotone Stimme. In diesem Falle, chère Madame, steht es außer Zweifel: Wir haben uns bereits einmal gesehen, und Sie sind meine eigene Gattin ...
HELDIN *nähert sich ihrem Gatten ohne Hast. Die beiden küssen sich ausdruckslos.*

rüfungen soll man bestehen

Ein literarisches Quiz über Examensmomente

Manche träumen noch im hohen Alter, sie müßten wieder das Abitur bestehen, wachen zitternd auf und sind heilfroh, daß wenigstens diese Prüfung hinter ihnen liegt, daß sie sich jetzt nur noch mit entschieden Harmloserem herumschlagen müssen (wie Krankheiten, Steuerprüfungen, Ehescheidungen, Kriegsgefahren, Todesfällen). So fest sitzt die Prüfungsangst.

Merkwürdig, daß trotz solcher Erfahrungen, trotz der zahlreichen Prüfungen, die jeder Sterbliche zumindest in der Schule und in der Berufsausbildung abzulegen hat, Prüfungsvorgänge doch relativ selten literarisch gestaltet wurden. Autoren schreiben lieber über Liebe, kein Wunder. Trotzdem sind hier mit Lust, List und Tücke einige Prüfungsschilderungen zusammengetragen. Sie stammen aus Lebenserinnerungen, Bildergeschichten, Geburtstagsgrüßen, Dramen, Prosa-Werken und Opern. Fünf Texte sind original deutschsprachig, die beiden übrigen stammen aus dem Englischen und Französischen.

Namen wurden hier weder getilgt noch unkenntlich gemacht, es sei denn, es handelt sich um den einer handelnden Person im Titel des zu erratenden Werkes (es wäre absurd, hier beispielsweise die Schulprüfungsszene aus den „Buddenbrooks" zu zitieren und den Namen Hanno Buddenbrook stehen zu lassen). Wenn man auf ein unbekanntes Stück Literatur stößt und den Autor ermitteln soll, werden einem die Namen der handelnden Person ja normalerweise auch nicht vorenthalten. Wenn jemand imstande ist, etwa aus dem Namen Thoas zu erschließen, daß eine Iphigenie in der Nähe sein müßte, dann bedeutet das ein Bildungs-Plus, das sich auszahlen darf.

Die hier vorgelegten Texte sind zum Teil fast nicht zu erraten. Prüfungen soll man bestehen. Wer von den sieben Texten einen errät, hätte ausreichend – wenn auch nicht gerade strahlend – bestanden. Wer zwei, drei oder gar vier Stücke herauskriegt, verdient die Noten befriedigend, voll befriedigend und gut. Wer fünf oder sechs Autoren und Titel ermitteln kann, wäre ein sehr guter, sogar ein geradezu glanzvoller Absolvent. Jemand aber, der alle sieben Texte und Autoren dieses Rätsels errät, hätte den Urheber dieses Quiz brillant beschämt und verdiente auf alle Fälle eine zumindest lebenslange Befreiung von der Lösung sämtlicher zukünftiger Ratespiele.

Die Lösungen finden Sie auf S. 170.

Sie müßten mir dankbar sein

Zimmer der königlichen Hofschauspielerin Benzinger
FRAU BENZINGER: Also Sie wollen Schauspieler werden. Treten Sie näher zu mir heran. Genieren Sie sich nicht. Fallen Sie nicht um vor Schreck, wenn ich Sie nun etwas näher ins Auge fasse. Wenn mein Atem Sie streift, ist das noch keine Ursache, rot über den ganzen Kopf zu werden. Haben Sie noch nie mit einiger Gelassenheit das Bein einer Frau gesehen? Die Spitzen meines Unterrocks, die Sie sehen, sind nur das gelinde und gewöhnliche Vorspiel dessen, was einem Bühnenkünstler täglich und stündlich begegnet, und worüber er hinwegsehen muß. Wir Künstler sind ein freies, zwangloses, und, wie wir uns gern einbilden, ehrliches Volk. Sie dagegen sind ein Jüngling aus dem dicksten, gefüttertsten bürgerlichen Milieu, und Sie wollen zur Bühne? Na, tragen Sie mal etwas vor.

Der junge, schüchterne Mann hat etwas vorgetragen.
FRAU BENZINGER: Das ist nichts. Danken Sie Gott, daß Sie einem Menschen in die Hände gefallen sind, der es so gut mit Ihnen meint, daß er offen zu Ihnen spricht. Unwahrheiten sind in solchen Fällen Morde. Sie sind schüchtern, Sie sind erschrocken, wie Sie sahen, daß ich das eine meiner natürlichen Beine über das andere gelegt habe; aber Sie dürften meinetwegen noch hundertmal schüchterner und schreckfüßiger sein, das hätte nichts zu sagen, denn das liegt nur in Ihrer großen Jugend und tiefen Unerfahrenheit. Aber Sie besitzen auch nicht die leiseste Spur eines schauspielerischen Talents. Alles ist verborgen, verhüllt, vertieft, trocken, holzig an Ihnen. Sie mögen der glühendste Mensch innerlich sein, zerwühlt meinetwegen von herzlichen Leidenschaften, doch es kommt nichts an Ihnen zur Erscheinung, nichts zum Ausdruck. Sie sprechen eine ganz ordentliche Sprache,

daß man fühlen muß, wie richtig Sie urteilen, wie anständig Sie über Sachen nachdenken, das aber, mein Knabe, ist das Aller-Allerwenigste von dem, was an Erfordernissen für einen angehenden Künstler in Betracht kommt. Ich bin eine ältere Frau und erprobte Schauspielerin und muß deshalb wohl wissen, was sich Ihnen gegenüber für eine Sprache ziemt. Mein Knabe, schütten Sie den allzu feurigen Wein Ihrer Träume von Bühnenlaufbahn und dergleichen rasch aus der Schale Ihres jungen Kopfes und fahren Sie fort, den Beruf, den Sie erlernt haben, auszuüben. Was würden Ihre Eltern sagen, wenn ich Sie unglücklich machen wollte? Das Geld, das Sie mir für Ihre Stunden ausbezahlten, würde in meinen Händen widerwärtig brennen, und ich würde das Gesicht Ihrer Frau Mutter sehen, dessen kummervoller Ausdruck mich für den Frevel, Ihnen die Wahrheit vorenthalten zu haben, gräßlich strafen müßte. Nein, ich tue das nicht. Aber bleiben Sie noch einen Augenblick. Nehmen Sie hier dicht neben mir Platz. So. Sie sind zu gut und zu schlecht für den Schauspielerberuf. Sie würden immer nur schauspielern, nicht spielen: Unmensch, Bär, Windbeutel, ungeziemende lächerliche Fratze, nicht Mensch auf der Bühne sein. Die heilige, inbrunstvolle Flamme fehlt Ihnen, das Auge, das Lippenpaar, die drohende, bewegliche Wange. Bewegung fehlt Ihnen. Manier, sehen Sie, das haben Sie, aber das bedeutet nichts, das ist menschlich. Sie haben nichts Künstlerisches.

Proleten sind schwer zu befriedigen

M.: Lachen Sie nicht, Fräulein Eva. Das Lachen würde Ihnen vergehen, wenn meine Mutter Sie ins Examen nimmt. Da würden S' klein werden.

EVA: ..., wir wollen's versuchen. Ich bin deine Chauffeursfrau, sag mir, was ich zu tun hab.

P.: Das ist ein Wort! Hol die Sandwich herein, Fina, wir machen ein gemütliches Essen, und er examiniert die Eva, bis sie blau wird ...

M.: Ich bin Chauffeur auf einem Gut, und Sie helfen beim Waschen und im Winter beim Ofenheizen. Ich komm abends heim und wie behandeln Sie mich da? ...

Sie läuft auf ihn zu und küßt ihn.

M.: Erster Fehler. Vertraulichkeiten und Schnickschnacks, wenn ich müd' heimkomm.

Er geht anscheinend zu einer Wasserleitung und wäscht sich. Dann streckt er die Hand nach einem Handtuch aus.

Eva hat angefangen zu plaudern: Armer ..., bist du müd'? Ich hab den ganzen Tag dran denken müssen, wie du dich abplagst. Ich würd's dir so gern abnehmen.

M. sucht mit der Hand was neben sich auf dem Tisch.

EVA: *alarmiert:* Was ist es?

FINA: Zeitung.

Eva springt auf und hält ihm anscheinend eine Zeitung hin. Er nimmt sie nicht, sondern greift finster weiter auf dem Tisch herum.

FINA: Auf den Tisch!

EVA: Ich hab mir die Schürze eingenäht, das gibt ein wenig Farbe hinein, nicht? Man kann überall etwas Farbe hineinbringen, ohne daß es viel kostet, man muß es nur verstehen. Wie gefällt sie dir?

M., im Zeitungslesen gestört, *läßt erschöpft die Zeitung sinken und sieht Eva leidend an: Sie schweigt erschrocken.*

FINA: Nicht reden, wenn er die Zeitung liest!

M. *aufstehend:* Sehens?

P.: Ich bin enttäuscht von dir, Eva.

M. *fast mitleidig:*

Da fehlt eben alles. Nur dreimal in der Woche Hering essen wollen, das Stopfei für'n Socken, und wenn ich abends heimkomm, fehlt die Feinfühligkeit, zum Beispiel das Maulhalten!

Voraussetzungen der Gottesgelehrsamkeit

Es blieb aber nunmehr noch etwas zurücke
Als Erfordernis zum geistlichen Glücke –
Nämlich das Examen – welches zwar
Dem Hieronymus fast zuwider war;

Indes ist doch schließlich das Zögern vergebens –
Die fürchterlichste Stunde seines Lebens
Naht anitzo ernstlich herzu.
Ach, du armer Hieronymus, du!

Der Herr Inspektor machte den Anfang,
Hustete viermal mit starkem Klang,
Schneuzte und räusperte auch viermal sich
Und sagte, indem er den Bauch sich strich:

„Ich, als zeitlicher pro tempore Inspektor
Und der hiesigen Geistlichkeit Direktor,
Frage Sie: Quid sit episcopus?"
Alsbald antwortete Hieronymus:

„Ein Bischof ist, wie ich denke,
Ein sehr angenehmes Getränke
Aus rotem Wein, Zucker und Pomeranzensaft
Und wärmet und stärket mit großer Kraft."

Über dies Antwort des Kandidaten Jobses
Geschah allgemeines Schütteln des Kopfes.
Der Inspektor sprach zuerst hem! hem!
Darauf die andern secundum ordinem.

Nun hub der Assessor an zu fragen:
„Herr Hieronymus, tun Sie mir sagen,
Wer die Apostel gewesen sind?"
Hieronymus antwortete geschwind:

„Apostel nennet man große Krüge,
Darin gehet Wein und Bier zur Genüge;
Auf den Dörfern und sonst beim Schmaus
Trinken die durstigen Burschen daraus."

Über diese Antwort des Kandidaten Jobses
Geschah allgemeines Schütteln des Kopfes.
Der Inspektor sprach zuerst hem! hem!
Darauf die andern secundum ordinem ...

Als nun die Prüfung zu Ende gekommen,
Hat Hieronymus seinen Abtritt genommen;
Damit man die Sache nach Kirchenrecht
In reife Überlegung nehmen möcht;

Ob es mit gutem Gewissen zu raten
Daß man in die Klasse der Kandidaten
Des heiligen Minsterii den
Hieronymus aufnehmen könn'.

Es ging also an ein Votieren.
Doch ohne vieles Disputieren
Lautet der Spruch des geistlichen Gerichts:
Mit Herrn Hieronymus ist es nichts.

Segen der Reformpädagogik

SCHULRAT: Mademoiselle, über Ihren Unterricht hört man die unglaublichsten Dinge. Ich werde mich sogleich überzeugen, ob diese Gerüchte auf Wahrheit beruhen, und gegebenenfalls meine Maßnahmen treffen.
ISABELLE: Ich verstehe nicht ganz, Herr Schulrat ...
SCHULRAT: Schon gut! Beginnen wir gleich mit der Prüfung ... Herein mit euch, Kinder ... *Die Mädchen lachen.* Was gibt's da zu lachen?
ISABELLE: Sie sagten „herein", Herr Schulrat, aber es ist keine Tür da, deswegen.
SCHULRAT: Das ist der Fluch dieser Reformpädagogik! Wie kann man da noch ein Machtwort sprechen? ... Mademoiselle, das Betragen Ihrer Schülerinnen ist unerhört!
BÜRGERMEISTER: Aber sie sind doch ganz reizend, Herr Schulrat! Man braucht sie ja nur anzusehen ...
SCHULRAT: Sie haben aber nicht reizend zu sein! Ich finde es geradezu aufreizend, wenn jedes Kind sich herausnimmt, auf seine eigene Art zu lachen oder zu zwinkern. Wo kämen wir denn da hin? Ich verlange von einer Klasse, daß sie dem Lehrer ein einziges einheitliches und ernstes Gesicht zeigt wie eine Reihe Dominosteine.
DROGIST: Das ist zuviel verlangt, Her Schulrat.
SCHULRAT: Wieso?
DROGIST: Weil die Kinder hier fröhlich sind.
SCHULRAT: Sie haben aber nicht fröhlich zu sein! Was wir wollen, ist nicht Humor, sondern die mittlere Reife. Diese ganze Fröhlichkeit kommt nur daher, daß ihre Lehrerin sie nicht streng genug anfaßt.
ISABELLE: Warum sollte ich auch? Bei meinem Unterricht im Freien habe ich kaum noch Anlaß dazu ...
SCHULRAT: ... Ein Lehrer, der freiwillig in die Natur geht, gibt zu, daß er nicht halb so groß ist wie der Baum, nicht halb so feist wie der Ochs, nicht halb so flink wie die Biene, und begibt sich so des augenfälligsten Beweises seiner Erhabenheit. *Gelächter.* Was ist denn nun schon wieder?

BÜRGERMEISTER: Eine Raupe, Herr Schulrat; sie kriecht an Ihnen hoch!

SCHULRAT: Die kommt mir gerade recht ... Pech gehabt, Kleine!

ISABELLE: Oh, Herr Schulrat, bitte nicht! Das ist eine collata azurea. Sie erfüllt nur ihre Bestimmung als Raupe!

SCHULRAT: Unsinn. Seit wann ist es Bestimmung einer collata azurea, an Schulräten hochzuklettern? *Die Kinder schluchzen.* Was ist denn nun wieder los? Was gibt's da zu heulen?

LUCE: Sie haben die collata azurea totgemacht!

SCHULRAT: Wenn eine Amsel sich die collata azurea geschnappt hätte, sie würden's bestaunen als Heldentat, in Verzückung geraten würden sie!

LUCE: Aber Amseln fressen doch Raupen!

KONTROLLEUR: Sehr richtig, Raupen als Lebensmittel verlieren ihren Anspruch auf Mitleid.

SCHULRAT: Da sehen Sie, Mademoiselle, wohin Ihr Unterricht führt. Am Ende verlangen die Kinder noch, daß ein Schulrat die Raupen, die er tötet, selber frißt!

Vom Wesen des Wunderkindes

Alles, was ich sagen will, ist, daß es bestimmt kein Spaß ist, von der Musik erwählt, zum Musiker geboren zu sein. Aber eine herrliche Berufung und Auszeichnung ist es eben doch, glücklicher wahrscheinlich und mit froherem Staunen begrüßt von aller Welt als jede andere spezifische und eminente Begabung ...

Das Talent, – was für ein unergründliches und erheiterndes Geheimnis! Nicht ohne tiefes Amüsement kann ich in Deinem Buch das Bild des Zehnjährigen betrachten, wie er, ein schon öffentlich Auftretender, fein gekleidet, mit Fallkragen und weißer Schleife, ein Bein übers andere geschlagen, auf einem Tischchen sitzt, – sehr gerade, den Kopf hoch, intelligent, stolz, seines Sonderloses bewußt, mit einer Miene kecker und fester Weltbereitschaft. Das ist kein Lausbub, kein Durchschnittsjunge. Das ist ein von Begabung Gezeichneter und auf sie Verpflichteter, mit dem es bestimmt hoch hinausgehen wird, – der alte Radeke, Direktor des Berliner Stern'schen Konservatoriums, hat es gleich gesagt. Es ist so erquicklich und alles ganz, wie man es sich denkt und wie es im Buche steht: Die guten Eltern, betroffen von dem, was der Achtjährige schon anstellt, führen ihn zur Prüfung zu dem Musikgewaltigen, welcher die Leutchen in seinem prächtigen

Arbeitszimmer mit Beethoven-Büste und Bechstein-Flügel empfängt.
Nun, nun, sehen wir zu! Das absolute Gehör? Es erweist sich, bei kom-
pliziertesten Versuchen, als unfehlbar. Der Kleine spielt unbekannte
Stücke vom Blatt. Er darf, zum ersten Mal, auf einem richtigen
Konzertflügel, wie er ihn nie gesehen, Stücke eigener Wahl, einen Satz
Mozart, ein paar „Lieder ohne Worte" spielen. Hernach läßt man ihn
ein wenig improvisieren. Dann schickt der alte Herr ihn hinaus, um
mit den Eltern ein Wort zu reden, bei dem der Junge nicht gerade
zugegen sein muß. Er sagt ihnen: „Hören Sie, das ist etwas ganz
Außerordentliches! Der sorgfältigsten Ausbildung wert. An Ihrem
Sprößling da ist jeder Zoll Musik!" Pädagogisch abgemildert bekamst
Du es schließlich auch zu hören, als anfeuerndes Lob, als Mahnung zu
strengstem Fleiß ...

Ein Autodidakt fällt durch

BECKMESSER: Herr Ritter, wißt?
Sixtus Beckmesser Merker ist;
hier im Gemerk
verrichtet er still sein strenges Werk.
Sieben Fehler gibt er Euch vor
die merkt er mit Kreide dort an: –
wenn er über sieben Fehler verlor,
dann versang der Herr Rittersmann.
(Er setzt sich im Gemerk.)
Gar fein er hört;
doch, daß er Euch den Mut nicht stört,
säht Ihr ihm zu,
so gibt er Euch Ruh',
und schließt sich gar hier ein, –
läßt Gott Euch befohlen sein.(...)
WALTHER *(mit einem Schauer)*:
Hier – in den Stuhl?
KOTHNER: Wie's Brauch der Schul'.
WALTHER *(Er besteigt den Stuhl und setzt sich mit Widerstreben. Bei-
seite)*
Für dich, Geliebte, sei's getan!
KOTHNER *(sehr laut)*: Der Sänger sitzt.
BECKMESSER *(unsichtbar im Gemerk, sehr laut)*:
Fanget an!

WALTHER: „Fanget an!" –
So rief der Lenz in den Wald,
daß laut es ihn durchhallt:
und, wie in fern'ren Wellen
der Hall von dannen flieht,
von weit her naht ein Schwellen,
das mächtig näher zieht.
Es schwillt und schallt,
es tönt der Wald
von holder Stimmen Gemenge:
nun laut und hell,
schon nah zur Stell',
wie wächst der Schwall!
Wie Glockenhall
ertost des Jubels Gedränge!
Der Wald,
wie bald
antwortet er dem Ruf
der neu ihm Leben schuf:
stimmte an
das süße Lenzeslied. –
(Man hört aus dem Gemerk unmutige Seufzer des Merkers und heftiges
Anstreichen mit der Kreide. – Auch Walther hat es bemerkt; nach kurzer
Störung fährt er fort:)
In einer Dornenhecken,
von Heid und Gram verzehrt,
mußt' er sich da verstecken,
der Winter, grimmbewehrt. (...)
BECKMESSER *(den Vorhang aufreißend)*:
Seid Ihr nun fertig?"
WALTHER: Wie fraget Ihr?
BECKMESSER *(grell)*:
Mit der Tafel ward ich fertig schier!
(Er hält die ganz mit Kreidestrichen bedeckte Tafel heraus. Die Meister
brechen in ein Gelächter aus.)
WALTHER: Hört doch, zu meiner Frauen Preis
gelang' ich jetzt erst mit der Weis'.
BECKMESSER *(das Gemerk verlassend)*:
Singt, wo Ihr wollt! Hier habt Ihr vertan! –
Ihr Meister, schaut die Tafel auch an:

so lang ich leb', ward's nicht erhört!
Ich glaubt's nicht, wenn ihr's all auch schwört! (...)
POGNER: Ein Wort, Herr Merker! Ihr seid gereizt.
BECKMESSER: Sei Merker fortan, wer danach geizt!
Doch daß der Junker hier versungen hat,
beleg' ich erst noch vor der Meister Rat.
Zwar wird's 'ne harte Arbeit sein:
wo beginnen, da, wo nicht aus noch ein?

Eine endlose Befragung

Die hochmögende gelehrte Körperschaft der Abteilung Marine im
Handelsministerium hält, wo es um die Verleihung ihrer umständ-
lichen Titel geht, nichts für selbstverständlich. Die Vorschriften des
ersten Statutes der Handelsschiffahrt bestimmten, daß das Wort
NÜCHTERN ausgeschrieben sein muß, anderenfalls nützt ein Sack-
voll, eine Tonne, ja ein ganzer Berg der lobendsten Zeugnisse nicht das
mindeste. Die Türen der Prüfungsräume bleiben allen Tränen und
allem Flehen verschlossen. Der fanatischste Temperenzler könnte in
seiner Rechtschaffenheit nicht unbarmherziger sein als die Abteilung
Marine im Handelsministerium. Da ich mich im Laufe der Zeit allen
(in meiner Generation tätigen) Prüfern des Londoner Hafenamtes
gegenüber gesehen habe, kann an der Stärke und Dauer meiner Enthaltsamkeit kein Zweifel bestehen. Drei von ihnen prüften die see-
männische Befähigung ... Der erste, ein hochgewachsener, hagerer
Mann, weißhaarig, mit weißem Schnurrbart, verhaltenem, freundli-
chem Gebaren und wohlwollend kluger Miene, muß, jedenfalls bin
ich zu diesem Schluß gezwungen, durch irgend etwas an meinem
Äußeren ungünstig beeindruckt worden sein. Er hatte die alten
dünnen Hände locker auf dem übergeschlagenen Knie gefaltet und
begann mit milder Stimme und einer elementaren Frage, dann fragte
er weiter und weiter ... Das ging so Stunde um Stunde. Wäre ich eine
fremdartige Mikrobe gewesen mit dem Vermögen, der Handelsmarine
einen tödlichen Streich zu spielen, man hätte mich keiner gründliche-
ren Untersuchung unterwerfen können ... Nach einer Weile bemäch-
tigte sich meiner jedoch das Gefühl, in meinem Hirn beginne ein Ver-
ödungsprozeß. Dabei dauerte diese gleichmütige Befragung fort und
fort, und es kam mir vor, als wären allein auf die Präliminarien bereits
ungezählte Zeitalter verwendet worden. Da bekam ich Angst. Ich
fürchtete nicht, durchzufallen, diese Möglichkeit kam mir gar nicht in

den Sinn. Es war etwas viel Schrecklicheres, was mich ängstigte, etwas Gespenstisches. „Dieser alte Mann", so sagte ich mir entsetzt, „ist dem Grabe so nahe, daß er offenbar alles Zeitgefühl verloren hat. Er betrachtet diese Prüfung als ein Mann, der bereits in Ewigkeiten rechnet. Das ist schön und gut für ihn, er hat sein Leben hinter sich. Aber ich kehre vielleicht aus diesem Zimmer als ein Fremder in die Welt zurück, freundlos, vergessen sogar von meiner Wirtin, selbst wenn es mir nach diesem endlosen Erlebnis hier gelänge, mich des Weges zu meiner gemieteten Behausung zu entsinnen." Diese Behauptung ist weniger übertrieben, als man annehmen mag. Während ich mir meine Antworten überlegte, gingen mir etliche sehr seltsame Gedanken durch den Kopf; Gedanken, die nichts mit der Seefahrt, ja überhaupt nichts mit Irdisch-Vernünftigem zu tun hatten. Ich glaube wirklich, daß ich zeitweise von einer trägen Euphorie befallen war. Schließlich entstand eine Stille, und auch diese schien ganze Zeitalter anzudauern, während der Prüfer über den Tisch gebeugt mit lautloser Feder den Prüfungsbericht ausfüllte. Er hielt mir wortlos den Zettel hin und neigte würdig sein weißes Haupt, während ich mich zum Abschied verbeugte ...

Als ich den Raum verlassen hatte, fühlte ich mich schlaff und eingefallen wie eine ausgepreßte Zitrone, und der Portier, vor dessen Glaskasten ich haltmachte, um meinen Hut gegen einen Schilling Trinkgeld zu empfangen, sagte: „Ich dachte schon, Sie kämen gar nicht mehr raus."

„Wie lange war ich drin?" fragte ich schwach. Er zog die Uhr. „Er hat Sie ganze drei Stunden da drinnen festgehalten, Sir. Soweit ich mich erinnere, ist das noch bei keinem der Herren je vorgekommen."

Wie weit darf der brave Mann eigentlich gehen?

16 bedenkliche Quizfragen über das Recht des einzelnen trotz der Macht des Staates

In diesem Quiz dürften auch fleißige, „gebildete" Leser auf einige Texte stoßen, die ihnen schwer, ja beinahe unmöglich erratbar scheinen. Und sie werden die – übrigens durchweg berühmten, aus dem 18. oder 19. Jahrhundert stammenden – deutschen Autoren dieser Texte vielleicht nur mit Hilfe der Kombinationsmöglichkeiten erraten können, die ihnen dieses Quiz bietet. (Denn wer hier einen Autor herausbekommt, hat im Grunde zwei Fragen gelöst – weil jeder Autor, wenn überhaupt, gleich doppelt vertreten ist.)

Aber zunächst ein Wort zur Schwierigkeit. Daß manche der vorgeführten philosophischen, dichterischen oder essayistischen Texte so unbekannt wirken – es hat keineswegs zu tun etwa mit der apokryphen oder (was die Chancen der Ratenden betrifft) unfairen Entlegenheit unserer Ausschnitte.

Sondern die Schwierigkeit dieses Quiz hängt zusammen mit der Kaum-Existenz einer allerorts bekannten und gelesenen republikanischen Tradition in der deutschen Geistesgeschichte. Man weiß eben über Schiller, den Sänger der Vaterlandslieder, sehr viel mehr als über jenen anderen Schiller, der die Ausbildung des Sinns für Kultur und Menschlichkeit einem verabscheuungswürdigen Chauvinismus der Bürgerversklavung entgegenstellte. Leider fehlen in unserer Bildungs-Welt weithin jene republikanischen Lesebücher, die neben – also weder unter noch über – Lyrik-Anthologien oder großen Erzählungssammlungen stehen müßten. Auf diese Lücke zwischen ästhetischer und republikanischer Bewußtseinskultur möchte unser Quiz hinweisen. Alle hier mitgeteilten Texte sind höchst lesens-, denk- oder zumindest bedenkwürdig, selbst wenn man beim ersten Überfliegen wirklich nicht weiß, woher sie stammen.

*Aber dieses erste Überfliegen wird auch zeigen, daß da einiges Wohlbe-
kannte vorkommt. Wer nun irgendeinen unserer Ausschnitte erkennt – sei
es, daß Begriffsbildungen verräterisch sind, sei es, daß die (unveränderten)
Namen Hinweise bieten –, der kann mit dem gewonnenen Pfund
wuchern, indem er die übrigen Beispiele daraufhin testet, welches noch
von dem erratenen Autor sei. Würde also jemand aus den Texten Goethe
oder Nietzsche, die übrigens beide nicht vertreten sind, herauslesen, dann
brauchte er nur nach einem zweiten Goethe- und Nietzsche-Ausschnitt
auf die Suche gehen. Und darf sich, im Irrtumsfall, damit trösten, daß ein
berühmter Literat einst behauptet hat, es beweise manchmal mehr Dich-
tungsverständnis, beziehungsvoll zu glauben, daß ein Zitat von Schiller sei,
als doof zu wissen, daß es von Lessing ist.*

*Viel Spaß also beim Lesen und eventuellen Enträtseln! Es handelt sich
um Aussagen großer deutscher Denker oder Künstler. Wir wollen nicht
hoffen, daß jemand sich die gar nicht nur zynische Frage stellt, ob nicht
einige dieser Aussagen, von einem heftig dreinblickenden jungen Mann
kurz vor seiner eventuellen Übernahme in den Staatsdienst geäußert,
demselben in unserer Zeit gar zum Schaden gereichen könnten.*

Die Lösungen finden Sie auf S. 170/171.

Nur Tiere nehmen Unabänderliches hin ...

Keine Staatsverfassung ist unabänderlich. Es ist in ihrer Natur, daß sie
sich alle ändern: eine schlechte, die gegen den notwendigen Endzweck
aller Staatsverfassungen streitet, muß abgeändert werden; eine gute,
die ihn befördert, ändert sich selbst ab ... Die Klausel im gesellschaftlichen Vertrage, daß er unabänderlich sein solle, wäre mithin der
härteste Widerspruch gegen den Geist der Menschheit ...

Ich verspreche, an dieser Staatsverfassung nie etwas zu ändern oder
ändern zu lassen, heißt: Ich verspreche, kein Mensch zu sein noch zu
dulden, daß, soweit ich reichen kann, irgendeiner ein Mensch sei. Ich
begnüge mich mit dem Rang eines geschickten Tiers ...

Vaterlandsliebe, ein künstlicher Trieb

Überhaupt können wir bei Beurteilung politischer Anstalten als eine
Regel festsetzen, daß sie nur gut und lobenswürdig sind, insofern sie
alle Kräfte, die im Menschen liegen, zur Ausbildung bringen, insofern
sie Fortschreitung der Kultur befördern oder wenigstens nicht hemmen.

Dieses gilt von Religions- wie von politischen Gesetzen: Beide sind verwerflich, wenn sie eine Kraft des menschlichen Geistes fesseln, wenn sie ihm in irgend etwas einen Stillstand auferlegen. Ein Gesetz z.B., wodurch eine Nation verbunden würde, bei dem Glaubensschema beständig zu verharren, das ihr in einer gewissen Periode als das vortrefflichste erschienen, ein solches Gesetz wäre ein Attentat gegen die Menschheit, und keine noch so scheinbare Absicht würde es rechtfertigen können. Es wäre unmittelbar gegen das höchste Gut, gegen den höchsten Zweck der Gesellschaft gerichtet.

Mit diesem allgemeinen Maßstab versehen, können wir nicht lange zweifelhaft sein, wie wir den Lykurgischen Staat beurteilen sollen.

Eine einzige Tugend war es, die in Sparta mit Hintansetzung aller andern geübt wurde, Vaterlandsliebe.

Diesem künstlichen Triebe wurden die natürlichsten, schönsten Gefühle der Menschheit zum Opfer gebracht.

Auf Unkosten aller sittlichen Gefühle wurde das politische Verdienst errungen und die Fähigkeit dazu ausgebildet. In Sparta gab es keine eheliche Liebe, keine Mutterliebe, keine kindliche Liebe, keine Freundschaft – es gab nichts als Bürger, nichts als bürgerliche Tugend. Lange Zeit hat man jene spartanische Mutter bewundert, die ihren aus dem Treffen entkommenen Sohn mit Unwillen von sich stößt und nach dem Tempel eilt, den Göttern für den gefallenen zu danken. Zu einer solchen unnatürlichen Stärke des Geistes hätte man der Menschheit nicht Glück wünschen sollen. Eine zärtliche Mutter ist eine weit schönere Erscheinung in der moralischen Welt als ein heroisches Zwittergeschöpf, das die natürliche Empfindung verleugnet, um eine künstliche Pflicht zu befriedigen ...

Freudig bindende Ordnung

Heilge Ordnung, segensreiche
Himmelstochter, die das Gleiche
Frei und leicht und freudig bindet,
Die der Städte Bau gegründet,
Die herein von den Gefilden
Rief den ungesellgen Wilden,
Eintrat in der Menschen Hütten,
Sie gewöhnt zu sanften Sitten
Und das teuerste der Bande
Wob, den Trieb zum Vaterlande!

Wahrhaft Freie müssen ins Gefängnis

Palmström weigert sich (ganz selbstverständlich)
irgendwelchen Heeresdienst zu tun.
Doch die Mehrzahl schilt dies feig und schändlich.
Denn man ist noch rings um ihn katholisch
oder protestantisch usw.
und da gilt es noch als diabolisch.
Einen Christenmenschen nicht zu morden,
heischen dies Gott, König, Vaterland.
Palmström ist hierauf verhaftet worden.
Im Gefängnis sitzt der Brave,
doch er sagt sich: Ins Gefängnis
sollte jeder, der kein Sklave.
Alle wahrhaft freien Seelen
sollten diese ihrer einzig
werte Stätte nicht verfehlen.
Ohne Murren, ohne Zucken
sollten sich der Freien Nacken
unter der Gewalt Joch ducken.
Bis das Volk der breiten Fährte
erst durch Staunen, dann durch Denken
gleichfalls sich zur Freiheit klärte ...

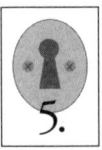

Deutsche ermannen sich gegen die Welt

O Schlacht fürs Vaterland,
Flammendes blutendes Morgenrot
Des Deutschen, der, wie die Sonn, erwacht
Der nun nimmer zögert, der nun
Länger das Kind nicht ist,
Denn die sich Väter ihm nannten,
Diebe sind sie,
Die den Deutschen das Kind
Aus der Wiege gestohlen
Und das fromme Herz des Kinds betrogen,
Wie ein zahmes Tier, zum Dienste gebraucht.

Indolenz: Trägheit mit schlimmen Folgen

Das Buch, das in der Welt am ersten verboten zu werden verdiente, wäre ein Katalogus von verbotenen Büchern ...

Ich glaube, daß die Quelle des meisten menschlichen Elends in Indolenz und Weichlichkeit liegt. Die Nation, die die meiste Spannkraft hatte, war auch allezeit die freiste und glücklichste. Die Indolenz rächt nichts, sondern läßt sich den größten Schimpf und die größte Unterdrückung abkaufen ...

Da der Mensch toll werden kann, so sehe ich nicht ein, warum es ein Weltsystem nicht auch werden kann ...

Ich möchte was drum geben, genau zu wissen, für wen eigentlich die Thaten gethan worden sind, von denen man öffentlich sagt, sie wären für das Vaterland gethan worden ...

Man kann dem Vaterland doch etwas zutrauen!

NATALIE: O Herr! Was sorgst du doch? Dies Vaterland!
Das wird, um dieser Regung deiner Gnade,
Nicht gleich, zerschellt in Trümmern, untergehn.
Vielmehr, was du, im Lager auferzogen,
Unordnung nennst, die Tat, den Spruch der Richter,
In diesem Fall, willkürlich zu zerreißen,
Erscheint mir als die schönste Ordnung erst:
Das Kriegsgesetz, das weiß ich wohl, soll herrschen,
Jedoch die lieblichen Gefühle auch.
Das Vaterland, das du uns gründetest,
Steht, eine feste Burg, mein edler Ohm:
Das wird ganz andre Stürme noch ertragen,
Fürwahr, als diesen unberufnen Sieg;
Das wird sich ausbaun herrlich, in der Zukunft,
Erweitern, unter Enkels Hand, verschönern,
Mit Zinnen, üppig, feenhaft, zur Wonne
Der Freunde, und zum Schrecken aller Feinde:
Das braucht nicht dieser Bindung, kalt und öd,
Aus eines Freundes Blut, um Onkels Herbst,
Den friedlich prächtigen, zu überleben.

Ohne-mich-Standpunkt in entfremdeter Welt

Man dient seinem Volke auf mancherlei Weise und nicht am schlechtesten, indem man seinem politischen Leben in toto widerspricht. Das will nicht sagen, man glaubt, es könne anders sein, ja nicht einmal immer: es soll anders sein, als es ist. Geschichtliche Entwicklungen müssen ihren Gang gehen und ihre Zeit haben, und wer es da z.B. für sonderlich wahrscheinlich hält, soviel Kriegsmaterial zu Land, Luft und Wasser, wie gegenwärtig des Losbruches harrt, könne dem Versucher eines Tages in den Hals zurückgeworfen werden, der ahnt weder, wie die Linke noch wie die Rechte Gottes arbeitet ... Nicht also um fromme Wünsche handelt es sich, wenn einer auf seinen Wahlzettel des großen Meisters Namen schreibt. Sondern um Zeugnisablegung inmitten einer Welt in gewissem Sinne der Welt sich Entfremdenden, Welt-Fremder.

Blasse Weltverbesserer

Aber auf unser vorig Gespräch zu kommen! Du räumst dem Staate denn doch zu viel Gewalt ein. Er darf nicht fordern, was er nicht erzwingen kann. Was aber die Liebe gibt und der Geist, das läßt sich nicht erzwingen. Das laß er unangetastet, oder man nehme sein Gesetz und schlag es an den Pranger! Beim Himmel! Der weiß nicht, was er sündigt, der den Staat zur Sittenschule machen will. Immerhin hat das den Staat zur Hölle gemacht, daß ihn der Mensch zu seinem Himmel machen wollte ...

Alabanda schwieg, und sah eine Weile erstaunt mich an. Ich war hingerissen von unendlichen Hoffnungen; Götterkräfte trugen, wie ein Wölkchen, mich fort –

Komm! rief ich, und faßt Alabanda beim Gewande, komm, wer hält es länger aus im Kerker, der uns umnachtet?

Wohin, mein Schwärmer, erwidert' Alabanda trocken, und ein Schatte von Spott schien über sein Gesicht zu gleiten. Ich war, wie aus den Wolken gefallen. Geh! sagt ich, du bist ein kleiner Mensch!

In demselben Augenblicke traten etliche Fremde ins Zimmer, auffallende Gestalten, meist hager und blaß, so viel ich im Mondlicht sehen konnte, ruhig, aber in ihren Mienen war etwas, das in die Seele ging, wie ein Schwert, und es war, als stünde man vor der Allwissenheit; man hätte gezweifelt, ob dies die Außenseite wäre von bedürftigen Naturen; hätte nicht hie und da der getötete Affekt seine Spuren zurückgelassen.

Besonders einer fiel mir auf. Die Stille seiner Züge war die Stille eines Schlachtfelds. Grimm und Liebe hatten in diesem Menschen gerast, und der Verstand leuchtete über den Trümmern des Gemüts, wie das Auge eines Habichts, der auf zerstörten Palästen sitzt. Tiefe Verachtung war auf seinen Lippen. Man ahnete, daß dieser Mensch mit keiner unbedeutenden Absicht sich befasse.

Ein andrer mochte seine Ruhe mehr einer natürlichen Herzenshärte danken. Man fand an ihm fast keine Spur einer Gewaltsamkeit, von Selbstmacht oder Schicksal verübt.

Ein dritter mochte seine Kälte mehr mit der Kraft der Überzeugung dem Leben abgedrungen haben, und wohl noch oft im Kampfe mit sich stehen, denn es war ein geheimer Widerspruch in seinem Wesen, und es schien mir, als müßte er sich bewachen. Er sprach am wenigsten ...

Zerstören will ich die bestehende Ordnung

Nun blickt hier unten um euch her. Da seht ihr den einen, den mächtigsten Fürsten, wie er mit ängstlich klopfendem Herzen, mit stockendem Atem, dennoch eine ruhige, kalte Miene zu erheucheln und sich selbst und anderen wegzuleugnen sucht, was er doch klar erkennt als unabwendbar. Da seht ihr den anderen, mit dem von allen Lastern durchfurchten ledernen Antlitz, wie er mit emsiger Tätigkeit all seine kleinen Gaunerkünste, die ihm so manches Titelchen, so manches Ordenskreuzlein eingebracht, auskramt ...

Blickt hin, ihr Unglücklichen, auf jene gesegneten Fluren, die ihr jetzt als Knechte, als Fremdlinge durchstreift. Frei sollt ihr auf ihnen wandeln, frei vom Joche der Lebendigen, frei von den Fesseln der Toten. Was die Natur geschaffen, die Menschen bebaut und zu fruchttragenden Gärten umgewandelt, es gehört den Menschen, den Bedürftigen, und keiner darf kommen und sagen: „Mir allein gehört dies alles, und ihr anderen alle seid nur Gäste, die ich dulde, so lange es mir gefällt und sie mir zinsen, und die ich verjage, sobald mich die Lust treibt. Mir gehört, was die Natur geschaffen, der Mensch gewirkt und der Lebendige bedarf!" Vernichtet sei diese Lüge, nur dem Bedürfnis allein gehört, was es befriedigt, und im Überfluß bietet solches die Natur und eure eigene Kraft...

Zerstören will ich die bestehende Ordnung der Dinge, welche die einige Menschheit in feindliche Völker, in Mächtige und Schwache, in Berechtigte und Rechtlose, in Reiche und Arme teilt, denn sie macht aus allen nur Unglückliche. Zerstören will ich die Ordnung der Dinge, die Millionen zu Sklaven ihrer eigenen Macht, ihres eigenen Reichtums macht. Zerstören will ich diese Ordnung der Dinge, die den Genuß trennt von der Arbeit, die aus der Arbeit eine Last, aus dem Genusse ein Laster macht, die den einen elend macht durch den Mangel und den anderen durch den Überfluß...

Mündigkeit ist beschwerlich und gefährlich

Aufklärung ist der Ausgang des Menschen aus seiner selbst verschuldeten Unmündigkeit. Unmündigkeit ist das Unvermögen, sich seines Verstandes ohne Leitung eines anderen zu bedienen. Selbstverschuldet ist die Unmündigkeit, wenn die Ursache derselben nicht am Mangel des Verstandes, sondern der Entschließung und des Mutes liegt, sich seiner ohne Leitung eines andern zu bedienen. Sapere aude! Habe Mut, dich deines eigenen Verstandes zu bedienen! ist also der Wahlspruch der Aufklärung...

Daß der bei weitem größte Teil der Menschen (darunter das ganze schöne Geschlecht) den Schritt zur Mündigkeit, außer dem daß er beschwerlich ist, auch für sehr gefährlich halte: dafür sorgen schon jene Vormünder, die die Oberaufsicht über sie gütigst auf sich genommen haben...

Was der Ausnahmezustand bewirkt

Jede große und umfassende Gefahr gibt, wenn ihr wohl begegnet wird, dem Staat für den Augenblick ein demokratisches Ansehen. Die Flamme, die eine Stadt bedroht, um sich greifen zu lassen, ohne ihr zu wehren, aus Furcht, der Zusammenlauf der Menschen, den eine nachdrückliche Rettung herbeizöge, könnte der Polizei über den Kopf wachsen: dieser Gedanke wäre Wahnsinn, und kann in die Seele eines Despoten kommen, aber keines redlichen und tugendhaften Regenten.

Die gesetzliche Gleichheit ist nur scheinbar

Aber es ist nicht die Natur, es ist die Freiheit selbst, die die meisten und die fürchterlichsten Unordnungen unter unserem Geschlecht verursacht; des Menschen grausamster Feind ist der Mensch. Noch durchirren gesetzlose Horden von Wilden ungeheure Wüsteneien; sie begegnen sich in der Wüste und werden einander zur festlichen Speise;

oder, wo die Kultur die wilden Haufen endlich unter das Gesetz zu Völkern vereinigte, greifen die Völker einander an mit der Macht, die ihnen die Vereinigung gab, und das Gesetz. Den Mühseligkeiten und dem Mangel trotzend durchziehen die Heere friedlich Wald und Feld, sie erblicken einander, und der Anblick von ihresgleichen ist des Mordes Losung. Mit dem Höchsten, was der menschliche Verstand ersonnen, ausgerüstet, durchschneiden die Kriegsflotten den Ozean; durch Sturm und Wellen hindurch drängen sich Menschen, um auf der einsamen unwirtbaren Fläche Menschen zu suchen; sie finden sie, und trotzen der Wut der Elemente, um mit eigener Hand sie zu vertilgen. In Innern der Staaten selbst, wo die Menschen zur Gleichheit unter dem Gesetz vereinigt zu sein scheinen, ist es großenteils noch immer Gewalt und List, was unter dem ehrwürdigen Namen des Gesetzes herrscht; hier wird der Krieg um so schändlicher geführt, weil er sich nicht als Krieg ankündigt, und dem Befehdeten sogar den Vorsatz raubt, sich gegen ungerechte Gewalt zu verteidigen... Das Gute ist immer das Schwächere, denn es ist einfach und kann nur um seiner selbst willen geliebt werden, das Böse lockt jeden einzelnen mit der Versprechung, die für ihn die verführendste ist, und die Verkehrten, unter sich selbst im ewigen Kampfe, schließen Waffenstillstand, sobald das Gute sich blicken läßt, um diesem mit der vereinigten Kraft ihres Verderbens entgegenzugehen...

Es ist die Bestimmung unseres Geschlechts, sich zu einem einigen, in allen Teilen durchgängig mit sich selbst bekannten und allenthalben auf die gleiche Weise ausgebildeten Körper zu vereinigen. Die Natur, und selbst die Leidenschaften und Laster der Menschen haben von Anfang an gegen dies Ziel hingetrieben; es ist schon ein großer Teil des Weges zu ihm zurückgelegt...

Anführer führen an

14.

Kein Wort im Evangelio ist mehr in unseren Tagen befolgt worden, als das: Werdet wie die Kindlein. Es macht den Deutschen nicht viel Ehre, daß einen anführen (leiten) soviel heißt als einen betrügen. Sollte das nicht ein Hebraismus sein?

Vom Wahrsagen läßt sich's wohl leben in der Welt, aber nicht vom Wahrheit sagen.

Ich glaube nicht, daß unter der sogenannten studierenden Jugend die Summe leerer Köpfe je größer gewesen ist als jetzt... Es ist kein Charakter. Indolenz, Unverstand und Unerfahrenheit in allem, was ernste Wissenschaft heißt, hat sie stumpf gemacht zu allem außer der Spekulation über den Trieb, aus dem haben sie sich eine Naturhistorie geschaffen, eine Ästhetik, eine Philosophie, da suchen sie allen Adel der Seele und den Himmel auf der Welt

Warum konservativer Sinn sein muß

Als Goethes „Götz" erschien, jubelte er „Das ist deutsch!" Und der sich erkennende Deutsche verstand es, nun auch sich und der Welt zu zeigen, was Shakespeare sei, den sein eigenes Volk nicht verstand; er entdeckte der Welt, was die Antike sei, er zeigte dem menschlichen Geiste, was die Natur und die Welt sei. Diese Taten vollbrachte der deutsche Geist aus sich, aus einem innersten Verlangen, sich seiner bewußt zu werden. Und dieses Bewußtsein sagte ihm, was er zum ersten Male der Welt verkündigen konnte, daß das Schöne und Edle nicht um des Vorteils, ja selbst nicht um des Ruhmes und der Anerkennung willen in die Welt tritt; und alles, was im Sinne dieser Lehre gewirkt hat, ist „deutsch", und deshalb ist der Deutsche groß; und nur, was in diesem Sinne gewirkt wird, kann zur Größe Deutschlands führen, als sein wahrhaftes Verständnis von seiten der Regierenden. Das deutsche Volk hat seine Wiedergeburt, die Entwicklung seiner höchsten Fähigkeiten durch seinen konservativen Sinn, sein inniges Haften an sich, seiner Eigentümlichkeit erreicht...

Lohn der Unverträglichkeit Mißgunst und Eitelkeit

Der Mensch hat eine Neigung, sich zu vergesellschaften; weil er in einem solchen Zustande sich mehr als Mensch ... fühlt. Er hat aber auch einen großen Hang, sich zu vereinzeln (isolieren); weil er in sich zugleich die ungesellige Eigenschaft antrifft, alles bloß nach seinem Sinne richten zu wollen, und daher allerwärts Widerstand erwartet, so wie er von sich selbst weiß, daß er seiner Seits zum Widerstande gegen andere geneigt ist. Ohne jene, an sich zwar eben nicht liebenswürdige, Eigenschaften der Ungeselligkeit, woraus der Widerstand entspringt, den jeder bei seinen selbstsüchtigen Anmaßungen notwendig antreffen muß, würden in einem arkadischen Schäferleben, bei vollkommener Eintracht, Genügsamkeit und Wechselliebe, alle Talente auf ewig in ihren Keimen verborgen bleiben: die Menschen, gutartig wie die Schafe, die sie weiden, würden ihrem Dasein kaum einen größeren Wert verschaffen, als dieses ihr Hausvieh hat; sie würden das Leere der

Schöpfung in Ansehung ihres Zwecks, als vernünftige Natur, nicht ausfüllen. Dank sei also der Natur für die Unvertragsamkeit, für die nicht zu befriedigende Begierde zum Haben, oder auch zum Herrschen! Ohne sie würden alle vortrefflichen Naturanlagen in der Menschheit ewig unterentwickelt schlummern. Der Mensch will Eintracht; aber die Natur weiß besser, was für seine Gattung gut ist; sie will Zwietracht. Er will gemächlich und vergnügt leben; die Natur will aber, er soll aus der Lässigkeit und untätigen Genügsamkeit hinaus, sich in Arbeit und Mühseligkeiten stürzen...

Ein guter Freund, ein guter Feind

Ein Quiz, bei dem Tiere die Hauptrolle spielen

Dieses Quiz besteht aus zehn, oft wunderbar eindringlichen Texten, in denen Autoren – es sind die größten Dichter der Weltliteratur darunter – das Verhalten, auch das Fühlen, Empfinden oder lästige Posieren von Tieren schildern. Und zwar von Tieren, wie sie sind oder wie sie dem Menschen erscheinen – es geht also gerade nicht um die berühmten Tierfiguren klassischer Tierfabeln, wo Tiere gut reden und intelligent denken können und meist nur typisch menschliche Lebensweisen und Eigenschaften allegorisch verkörpern.

Da die Namen von Figuren zur Sache gehören (und die etwaige Kenntnis von Namen dem Ratenden durchaus von Vorteil sein soll), habe ich in diesem Quiz die Namen nicht getilgt oder unerkennbar gemacht. Nur wenn der Name gleich auch der Titel des Werkes ist, wenn hier beispielsweise eine Passage aus dem „Hamlet" vorkäme samt Titelhelden: dann hätte ich mir erlaubt, diesen titelgebenden Namen auf seinen Anfangsbuchstaben H. zu kürzen.

Wichtigstes Kriterium beim Bestimmen von Texten ist der literarische Stil ... der aber kann in Übersetzungen nicht authentisch herauskommen. So sei fairerweise mitgeteilt, daß es sich bei den Texten 4 und 5 um Übersetzungen handelt.

Alle anderen Beispiele stammen aus der deutschen Literatur. Viel Vergnügen bei der Rate-Mühe.

Auch wer die Stücke Nr. 5, 6 und 10 nicht oder nur unter größten Mühen erkennt (obwohl sie von wahrlich berühmten Schriftstellern sind), müßte beim analytischen Lesen zumindest spüren, daß er außerordentlicher Literatur begegnet.

Die Lösungen finden Sie auf S. 172.

Kerniger Pudel

F: Siehst du den schwarzen Hund durch Saat und Stoppel streifen?
W: Ich sah ihn lange schon, nicht wichtig schien er mir.
F: Betracht ihn recht! Für was hältst du das Tier?
W: Für einen Pudel, der auf seine Weise
Sich auf der Spur des Herren plagt.
F: Bemerkst du, wie in weitem Schneckenkreise
Er um uns her und immer näher jagt?
Und irr ich nicht, so zieht ein Feuerstrudel
Auf seinen Pfaden hintendrein.
W: Ich sehe nichts als einen schwarzen Pudel;
Es mag bei Euch wohl Augentäuschung sein.
F: Mir scheint es, daß er magisch-leise Schlingen
Zu künftgem Band um unsre Füße zieht.
F: Der Kreis wird eng! schon ist er nah!
W: Du siehst, ein Hund, und kein Gespenst ist da!
Er knurrt und zweifelt, legt sich auf den Bauch,
Er wedelt: alles Hundebrauch.
F: Geselle dich zu uns! komm hier!
W: Es ist ein pudelnärrisch Tier.
Du stehest still, er wartet auf;
Du sprichst ihn an, er strebt an dir hinauf;
Verliere was, er wird es bringen,
Nach deinem Stock ins Wasser springen.
F: Du hast wohl recht: ich finde nicht die Spur
Von einem Geist, und alles ist Dressur.
W: Dem Hunde, wenn er gut gezogen,
Wird selbst ein weiser Mann gewogen.

Irrer Colliehund

Pflanzengeruch umfing ihn, und er hörte das sanfte Plätschern fallen-
den Wassers; in dem Augenblick aber, da hinter ihm der Teppich sich
schloß, brach ein Gebell aus, so jäh und toll, daß K. H., einen Augenblick fast betäubt, zu Füßen der Stufen haltmachte. Perceval, der
Colliehund, hatte sich ihm entgegengeworfen, und nichts glich seiner
maßlosen Raserei. Er geiferte, er litt, er wußte nicht, wie sich gebärden
vor wütender Zerrissenheit seines Innern, er wand sich, peitschte mit
dem Schweif seine Flanken, stemmte die Vorderfüße gegen den Boden

und schwang sich in blinder Leidenschaft um sich selber, indem er in Lärm und Tobsucht vergehen zu wollen schien ...

Die Gräfin war wach geworden und plauderte lebhaft, mit frischen, vornehmen Bewegungen und ihre weißen Zähne zeigend. Scherzend redete sie auf Perceval hinab, dessen Inneres durch den Gewalttritt aufs neue zerrissen war und der sich wütend vor den Pferden zwischen den Stämmen drehte.

„Königliche Hoheit", sagte sie, „sollten ihn springen sehen ... voltigieren ... Er nimmt Gräben und Bäche von sechs Meter Breite, und zwar mit einer Schönheit und Leichtigkeit, daß es entzückend ist. Aber nur eigenwillig, wohlgemerkt, und aus freien Stücken, denn eher, glaube ich, ließe er sich totschlagen, als daß er sich irgendwelcher Dressur unterzöge und befohlene Kunststücke ausführte. Er hat, möchte ich sagen, die Dressur und Zucht in sich selbst, von Geburt, und wenn er ungebärdig ist, so ist er doch niemals roh. Das ist ein Freiherr, ein Edelmann, wohlgeboren und vom strengsten Charakter. Oh, er ist stolz, er scheint wohl toll, aber er weiß sich zu beherrschen. Niemand hat ihn im Schmerze je schreien hören, sei es bei Verletzungen oder bei Züchtigungen. Auch nimmt er nur Nahrung, wenn er Hunger hat, und verschmäht im anderen Falle die leckersten Bissen ... Morgens erhält er Rahm ... man muß ihn nähren. Er verzehrt sich von innen, er ist mager unter seinem seidenen Fell, daß man alle Rippen fühlt, und man muß leider gewärtigen, daß er nicht alt werden, sondern frühzeitig der Schwindsucht zum Opfer fallen wird ..."

Gottgläubiges Geierlamm

Das Geierlamm

Der Lämmergeier ist bekannt,
Das Geierlamm erst hier genannt.
Der Geier, der ist offenkundig,
Das Lamm hingegen untergrundig.
Er sagt nicht hu, es sagt nicht mäh
und frißt dich auf aus nächster Näh.
Und dreht das Auge dann zum Herrn.
Und alle habens herzlich gern.

Pferde sind gute Kameraden

Er war von einem nicht zu rechtfertigenden, einem unstatthaften Gefängnis heraus, wo er mehr körperlich als seelisch gelitten hatte. Von Zeit zu Zeit saß er ab und schritt neben dem Pferd dahin. Er empfand das Bedürfnis zu sprechen. Der Stute schien es zu gefallen, daß man zu ihr sprach; in dem schwachen Sternenlicht konnte er sehen, wie sie dabei immer die Ohren aufstellte.

„Bessie? ... Molly? ... Belinda? – Jemand hat dich mir geschenkt. Es geschieht nicht oft, daß man ein solches Geschenk erhält – ein Geschenk so groß wie ein ganzes Leben. Werd' ich je erfahren, warum sechs Männer ihr Leben riskierten, um meins zu retten? Werd' ich sterben, ohne das zu wissen?

Nein, du heißt Evangeline, die Bringerin froher Botschaft ... Es ist doch seltsam gewesen, nicht? Niemand wußte, als du geboren wurdest, daß du einmal eine Rolle in einem geheimnisvollen Abenteuer spielen würdest – bei einer solchen Tat, einer so hochherzigen und mutigen. Niemand wußte, als du zugeritten wurdest – es muß etwas Unheimliches und Furchteinflößendes sein, zugeritten zu werden, Evangeline! – daß du eines Tags einen Mann auf deinem Rücken tragen und ihm die Chance zu leben geben würdest ... Du bist ein Zeichen. Wir sind beide für etwas ausersehn."

Nach diesen Gesprächen fühlte er sich noch lebensfroher ...

Nun warf er verstohlene Blicke auf Evangeline. Sie war nicht mehr jung, aber sie war gut gehalten und sachgerecht beschlagen.

Es war äußerst heiß, sogar hier, mitten im Wald. „Komm, Evangeline! Folgen wir dem Bach und suchen wir eine tiefe Stelle. Es wär' an der Zeit für ein Bad."

A. schnitt Kerben in seinen Sattel, um die Tage zu vermerken, aber auch so verzählte er sich. Der Hafer und die Nahrung in den Säcken gingen zu Ende. Die wilden Beeren begannen sich zu röten; er fand Wasserkresse. Eine Veränderung überkam Roß und Reiter: sie wurden jünger. Wenn sie auf einer Straße waren, trabte Evangeline flott dahin. Noch bevor er sich angewöhnte, sie mit Fäusten voll Zweiglein und Moos zu striegeln und zu bürsten, hatte er bemerkt, wie ihr Fell glänzte. Er hatte das Gefühl, daß sie schon früher Flüchtlinge begleitet hatte; daß ihr verfolgt zu werden und Heimlichkeit nicht fremd waren. Der Verkehr auf den Straßen wurde stärker. Sie hörte sich nähernde Hufschläge, bevor ihr Reiter sie hörte, und fand ein Versteck. Wenn sie Hundegebell erregten, begann sie zu galoppieren. Als er zum drittenmal absaß, um neben ihr herzugehn, zeigte sie ihre Mißbilligung, und es fiel ihm plötzlich ein, daß Spürhunde auf seine Fährte gesetzt worden sein könnten. Wenn ihn während der Tagesrast Niedergeschlagenheit anwandelte, kam sie zu ihm und versuchte, ihn abzulenken; sie schnaubte ins Wasser des Bachs oder scharrte mit einem Vorderhuf. Als er von Durchfall heimgesucht wurde, blickte sie gleichmütig in die Ferne; sie riet zu tapferem Ausharren.

... aber auch Opportunisten

STALLKNECHT: Ich war ein armer Stallknecht bei dir, König,
Als du noch König warst ...
Oh, wie's ums Herz mir war, als ich in London
Die Straßen sah an jenem Krönungstag.
Als B. ritt auf dem Berberschimmel –
Dem Roß, das so oft dich getragen hat,
Dem Roß, das ich so sorgfältig gepflegt hab!
R.: Ritt er den Berber? Sag mir, lieber Freund,
Wie ging der unter ihm?
STALLKNECHT: So stolz, als wär der Boden ihm zu schlecht!
R.: So stolz, daß B. ihn ritt! Der Gaul
Hat Brot aus meiner Königshand gefressen!
Die Hand hier machte ihn mit Klatschen stolz! –
Stolperte er denn nicht? Fiel er nicht nieder,
Denn Stolz kommt vor den Fall – daß er den Hals brach
Des stolzen Mannes, der sich auf ihn schwang?
Verzeihung, Pferd! Was schelt' ich dich, wo du doch
Geschaffen bist zur Furcht des Menschen, ihn
Zu tragen? Ich bin nicht als Pferd geboren,
Und trag doch eine Bürde wie ein Esel,
Gespornt und wundgehetzt von ...

... und vertrauen dem Menschen

Wenn nur eine Frau allein den weitläufigen Hof versorgen soll, kann er schon nach einem Monat schiefe Türen haben und Löcher in den Dächern. Ihr war ein einziges Pferd gelassen worden, Jakob sin Voss.

Jakobs Fuchs wurde in den Büchern geführt als mittleres Arbeitspferd. So eines braucht im Jahre:

10 dz Heu,
16 dz Futterstroh,
20 dz Rüben,
18 dz Körnerfutter,
30 dz Grünfutter,

 von dem es sich Teil selber auf der Weide holen kann. Wenn du nun einen Zentner Hafer für 1953 veranschlagst mit fünfundzwanzig Mark –

 – überfordert ein solches Pferd den Etat der Studentin.

 – Das Frühjahrssemester 1953 endete am 9. Mai, am Montag danach war ich bei Inge Schlegel zu Besuch. Sie hielt mich an der Schulter, als Jakob sin Voss an uns vorbeigeführt wurde; ich ging ihm nach an die große Futterküche. Der Mann mit der Leine in der Hand sah sich um mit einem dwatschen Grinsen, als wolle er mich einladen zu einem Schauspiel, einer Überraschung. Das Pferd ging munter, freundschaftlich nickend unter den begütigenden Reden des Kerls. Ein paar Rippen waren zu sehen; es war ganz gesund. Seine Blicke sagten: ihr habt mich ein wenig hungern lassen, ihr Menschen, nun kümmert ihr euch von neuem um mich; ich will mich gern mit euch vertragen. Als ihm in der Küche das Bolzenschußgerät auf die Stirn gesetzt wurde, schloß es vertrauensvoll die Augen; dies war etwas Neues von den Menschen.

 Nach dem Tod, auf die Seite geschlagen, zuckten die Beine heftig, durcheinander, schlugen ausdauernd gegen den hallenden Boden. Das sah sich verzweifelt an; wissenschaftlich betrachtet waren da noch Nerven am Wirken. Das gutmütige Tier, Jakob sin Voss, ein widerliches Stück Fleisch in blondem Fell war es mit einem Mal; kenntlich noch an den offenen Augen.

Eine vielleicht treue Krähe

Eine Krähe war mit mir
aus der Stadt gezogen,
ist bis heute für und für
um mein Haupt geflogen.
Krähe, wunderliches Thier,
willst mich nicht verlassen?
Meinst wohl bald als Beute hier
meinen Leib zu fassen?
Nun es wird nicht weit mehr geh'n
an dem Wanderstabe.

Krähe, laß' mich endlich seh'n
Treue bis zum Grabe.

Lästige Katze

Frieda war dadurch geweckt worden, daß – wenigstens war es ihr so erschienen – irgend ein großes Tier, eine Katze wahrscheinlich, ihr auf die Brust gesprungen und dann gleich weggelaufen sei. Sie war aufgestanden und suchte mit einer Kerze das ganze Zimmer nach dem Tiere ab ...

Am Morgen erwachten alle erst, als schon die ersten Schulkinder da waren und neugierig die Lagerstätte umringten. Sie war sichtlich auf den neuen Schuldiener vorbereitet und hatte wohl auch vom Lehrer Verhaltensmaßregeln erhalten, denn schon auf der Schwelle sagte sie: „Das kann ich nicht dulden. Das wären schöne Verhältnisse. Sie haben bloß die Erlaubnis, im Schulzimmer zu schlafen, ich aber habe nicht die Verpflichtung, in Ihrem Schlafzimmer zu unterrichten. Eine Schuldienerfamilie, die sich bis in den Vormittag in den Betten räkelt. Pfui!" ...

Kaum war er vorgetreten, rief die Lehrerin unter dem Gelächter der Kinder, das von jetzt ab überhaupt nicht mehr aufhörte: „Na, ausgeschlafen?", und als K. darauf nicht achtete, weil es doch keine eigentliche Frage war, sondern auf den Waschtisch losging, fragte die Lehrerin: „Was haben Sie denn meiner Mieze gemacht?"

Eine große, alte, fleischige Katze lag träg ausgebreitet auf dem Tisch, und die Lehrerin untersuchte ihre offenbar ein wenig verletzte Pfote. Frieda hatte also doch recht gehabt, diese Katze war zwar nicht auf sie gesprungen, denn springen konnte sie wohl nicht mehr, aber über sie hinweggekrochen, war über die Anwesenheit von Menschen in dem sonst leeren Hause erschrocken, hatte sich eilig versteckt und bei dieser ihr ungewohnten Eile sich verletzt. K. suchte es der Lehrerin ruhig zu erklären, diese aber faßte nur das Ergebnis auf und sagte: „Nun ja, ihr habt sie verletzt, damit habt ihr euch hier eingeführt. Sehen Sie doch!" und sie rief K. auf das Katheder, zeigte ihm die Pfote, und ehe er sich dessen versah, hatte sie ihm mit den Krallen einen Strich über den Handrücken gemacht; die Krallen waren zwar schon stumpf, aber die Lehrerin hatte, diesmal ohne Rücksicht auf die Katze, sie so fest eingedrückt, daß es doch blutige Striemen wurden. „Und jetzt gehen Sie an Ihre Arbeit", sagte sie ungeduldig und beugte sich wieder zur Katze hinab.

Vorbildlicher Elefant

Als Herr K. gefragt wurde, welches Tier er vor allen schätzte, nannte er den Elefanten und begründete dies so: Der Elefant vereint List mit Stärke. Das ist nicht die kümmerliche List, die ausreicht, einer Nachstellung zu entgehen oder ein Essen zu ergattern, indem man nicht auffällt, sondern die List, welcher die Stärke für große Unternehmungen zur Verfügung steht. Wo dieses Tier war, führt eine breite Spur. Dennoch ist es gutmütig, es versteht Spaß. Es ist ein guter Freund, wie es ein guter Feind ist. Sehr groß und schwer, ist es doch auch sehr schnell. Sein Rüssel führt einem enormen Körper auch die kleinsten Speisen zu, auch Nüsse. Seine Ohren sind verstellbar: Er hört nur, was ihm paßt. Er wird auch sehr alt. Er ist auch gesellig, und dies nicht nur zu Elefanten. Überall ist er sowohl beliebt als auch gefürchtet. Eine gewisse Komik macht es möglich, daß er sogar verehrt werden kann. Er hat eine dicke Haut, darin zerbrechen die Messer; aber sein Gemüt ist zart. Er kann traurig werden. Er kann zornig werden. Er tanzt gern. Er stirbt im Dickicht. Er liebt Kinder und andere kleine Tiere. Er ist grau und fällt nur durch seine Masse auf. Er ist nicht eßbar. Er kann gut arbeiten. Er trinkt gern und wird fröhlich. Er tut etwas für die Kunst. Er liefert Elfenbein.

Stolzer Wolf

Noch nie war in den französischen Bergen ein so unheimlich kalter und langer Winter gewesen. Seit Wochen stand die Luft klar, spröde und kalt ...

Der Frost hielt immer noch an. Oft lagen die Wölfe still und brütend beisammen, einer am andern sich wärmend, und lauschten beklommen in die tote Öde hinaus, bis einer, von den grausamen Qualen des Hungers gefoltert, plötzlich mit schauerlichem Gebrüll aufsprang. Dann wandten alle anderen ihm die Schnauze zu, zitterten und brachen miteinander in ein furchtbares, drohendes und klagendes Heulen aus.

Es war ein Preis auf die Wölfe gesetzt, das verdoppelte den Mut der Bauern. Und sie erlegten zwei von ihnen, dem einen ging ein Flintenschuß durch den Hals, der andere wurde mit einem Beil erschlagen. Der dritte entkam und rannte so lange, bis er halbtot auf den Schnee fiel. Er war der Jüngste und Schönste von den Wölfen, ein stolzes Tier von mächtiger Kraft und gelenken Formen. Lange blieb er keuchend liegen. Blutig rote Kreise wirbelten vor seinen Augen, und zuweilen stieß er ein pfeifendes, schmerzliches Stöhnen aus. Ein Beilwurf hatte ihm den Rücken getroffen. Doch erholte er sich und konnte sich wieder erheben. Erst jetzt sah er, wie weit er gelaufen war. Nirgends waren Menschen oder Häuser zu sehen. Dicht vor ihm lag ein verschneiter, mächtiger Berg. Es war der Chasseral. Er beschloß, ihn zu umgehen. Da ihn Durst quälte, fraß er kleine Bissen von der gefrorenen, harten Kruste der Schneefläche.

Jenseits des Berges traf er sogleich auf ein Dorf. Es ging gegen Abend. Er wartete in einem dichten Tannenforst. Dann schlich er vorsichtig um die Gartenzäune, dem Geruch warmer Ställe folgend. Niemand war auf der Straße. Scheu und lüstern blinzelte er zwischen den Häusern hindurch. Da fiel ein Schuß. Er warf den Kopf in die Höhe und griff zum Laufen aus, als schon ein zweiter Schuß knallte. Er war getroffen. Sein weißlicher Unterleib war an der Seite mit Blut befleckt, das in dicken Tropfen zäh herabrieselte. Dennoch gelang es ihm, mit großen Sätzen zu entkommen und den jenseitigen Bergwald zu erreichen. Dort wartete er horchend einen Augenblick und hörte von zwei Seiten Stimmen und Schritte. Angstvoll blickte er am Berg empor. Er war steil, bewaldet und mühselig zu ersteigen. Doch blieb ihm keine Wahl. Mit keuchendem Atem klomm er die steile Bergwand hinan, während unten ein Gewirre von Flüchen, Befehlen und Laternenlichtern sich den Berg entlangzog. Zitternd kletterte der verwundete Wolf durch den halbdunklen Tannenwald, während aus seiner Seite langsam das braune Blut hinabrann.

Die Kälte hatte nachgelassen. Der westliche Himmel war dunstig und schien Schneefall zu versprechen.

Endlich hatte der Erschöpfte die Höhe erreicht. Er stand nun auf einem leicht geneigten, großen Schneefeld, nahe bei Mont Crosin, hoch über dem Dorfe, dem er entronnen. Hunger fühlte er nicht, aber einen trüben, klammernden Schmerz von der Wunde. Ein leises, krankes Gebell kam aus seinem hängenden Maul, sein Herz schlug schwer und schmerzhaft und fühlte die Hand des Todes wie eine unsäglich schwere Last auf sich drücken. Eine einzeln stehende breitästige Tanne lockte ihn; dort setzte er sich und starrte trübe in die graue Schneenacht. Eine halbe Stunde verging. Nun fiel ein mattrotes Licht auf den Schnee, sonderbar und weich. Der Wolf erhob sich stöhnend und wandte den schönen Kopf dem Licht entgegen. Es war der Mond, der im Südosten riesig und blutrot sich erhob und langsam am trüben Himmel höher stieg. Seit vielen Wochen war er nie so rot und groß gewesen. Traurig hing das Auge des sterbenden Tieres an der matten Mondscheibe, und wieder röchelte ein schwaches Heulen schmerzlich und tonlos in die Nacht.

Da kamen Lichter und Schritte nach. Bauern in dicken Mänteln, Jäger und junge Burschen in Pelzmützen und mit plumpen Gamaschen stapften durch den Schnee. Gejauchze erscholl. Man hatte den verendenden Wolf entdeckt, zwei Schüsse wurden auf ihn abgedrückt und beide fehlten. Dann sahen sie, daß er schon im Sterben lag, und fielen mit Stöcken und Knütteln über ihn her. Er fühlte es nicht mehr.

ie zwei sich kriegen

Diesmal geht es um die Anfänge erfundener, manchmal auch realer Liebesgeschichten

Unser folgendes Quiz hat zum Thema das vielleicht Schönste, was jungen wie alten Menschen passieren und sie beglücken kann: nämlich den Beginn einer Liebe, einer großen Passion, einer schicksalhaften Verliebtheit. „Denn allem Anfang wohnt ein Zauber inne, der uns beschützt und der uns hilft zu leben", dichtete Hermann Hesse schwärmerisch; und Paul Valéry befand nur wenig kühler: „Das größte Vergnügen ist das Nahen des Vergnügens".

Die acht Texte dieses Quiz stammen nicht alle aus dem Reich der Poesie. In zwei Fällen handelt es sich um wirklich Erlebtes, nämlich um die Briefe leidenschaftlicher und berühmter Autoren. Da sich (zu meiner tiefen Genugtuung) mehrere erfahrene Quiz-Löser darüber beschwerten, man hätte es ihnen lächerlich leicht gemacht und sie um den Spaß der Rate-Mühsal gebracht, habe ich diesmal ein oder zwei Texte eingefügt, die sicherlich nicht ohne weiteres herauszubringen sind.

Doch um fürchterlich Entlegenes, um kleine oder unberühmte Autoren handelt es sich in keinem Fall.

Die Namen der aus Dramen oder Romanen und Novellen zitierten Figuren habe ich nur dann neutralisiert, wenn sie die Lösung allzu sehr erleichtert hätten. Käme hier der Verliebtheitsbeginn zwischen Hamlet und Ophelia vor, dann hieße es folglich „Er" und „Sie". Doch da, wo die Namen nicht mit den Titeln der Werke identisch sind, habe ich sie oft belassen. Von den acht hier vorgestellten Texten bzw. Textauszügen sind sechs original deutschsprachige. Zwei stellen Übersetzungen aus dem Englischen und Französischen dar. Übrigens stammt leider nur ein Text von einer Dichterin.

Die Lösungen finden Sie auf S. 172/173.

Verliebte Entdeckung des Endreims

SIE: Vielfache Wunder seh ich, hör ich an.
Erstaunen trifft mich, fragen möcht ich viel.
Doch wünsch' ich Unterricht, warum die Rede
Des Manns mir seltsam klang, seltsam und freundlich:
Ein Ton scheint sich dem andern zu bequemen,
Und hat ein Wort zum Ohre sich gesellt,
Ein andres kommt, dem ersten liebzukosen.
ER: Gefällt dir schon die Sprachart unserer Völker,
O so gewiß entzückt auch der Gesang,
Befriedigt Ohr und Sinn im tiefsten Grunde.
Doch ist am sichersten, wir übens gleich:
Die Wechselrede lockt es, rufts hervor.
SIE: So sage denn: wie sprech ich auch so schön?
ER: Das ist gar leicht: es muß von Herzen gehn!
Und wenn die Brust von Sehnsucht überfließt,
Man sieht sich um und fragt –
SIE: Wer mitgenießt.
ER: Nun schaut der Geist nicht vorwärts, nicht zurück;
Die Gegenwart allein -
SIE: Ist unser Glück.
ER: Schatz ist sie, Hochgewinn, Besitz und Pfand;
Bestätigung, wer gibt sie?
SIE: Meine Hand! ...
SIE: Ich fühle mich so fern und doch so nah,
Und sage nur zu gern: da bin ich! da!
ER: Ich atme kaum, mir zittert, stockt das Wort;
Es ist ein Traum, verschwunden Tag und Ort.
SIE: Ich scheine mir verlebt und doch so neu,
In dich verwebt, dem Unbekannten treu.
ER: Durchgrüble nicht das einzigste Geschick!
Dasein ist Pflicht und wärs ein Augenblick.

Spröder Naturwissenschaftler

Am andren Morgen, als ich allein an der Reling stand, trat sie zu
mir und fragte, wo denn mein Freund sei. Es interessierte mich nicht,
wen sie für meinen Freund hielt, Israel-Landwirt oder Chicago-
Baptist, sie meinte, ich fühle mich einsam, und wollte nett sein, gab's

nicht auf, bis sie mich zum Plaudern brachte – über Navigation, Radar, Erdkrümmung, Elektrizität, Entropie, wovon sie noch nie gehört hat. Sie war alles andere als dumm.

Nicht viele Leute, denen ich den sogenannten Maxwellschen Dämon erläuterte, begreifen so flink wie dieses junge Mädchen ... Sie gefiel mir, aber ich flirtete in keiner Weise. Ich redete wie ein Lehrer, fürchtete ich, während sie lächelte. Sabeth wußte nichts von Kybernetik, und wie immer, wenn man mit Laien darüber redet, galt es, allerlei kindische Vorstellungen vom Roboter zu widerlegen, das menschliche Ressentiment gegen die Maschine, das mich ärgert, weil es borniert ist, ihr abgedroschenes Argument: der Mensch sei keine Maschine ... Ich verwies sie auf Norbert Wiener: Cybernetics or Control and Communication in the Animal and the Machine, M.I.T. 1948 ...

Ein wenig, glaubte ich, mochte sie mich doch; jedenfalls nickte sie, wenn sie mich auf Deck sah ...

Das Wetter war gut.

Eines Morgens, als ich mit dem Baptist frühstücke, setzt Sabeth sich an unsern Tisch, was mich aufrichtig freut, Sabeth in ihren schwarzen Cowboy-Hosen. Ringsum gibt es leere Tische genug, ich meine, falls das Mädchen mich nicht leiden könnte. Es freut mich aufrichtig. Sie reden vom Louvre in Paris, den ich nicht kenne, und ich schäle unterdessen meinen Apfel.

Ländliche Werbung

ER: Glock zehn Uhr mocht es etwa sein zu Nacht, –
Und warm just diese Nacht des Januars
Wie Mai, – als ich zum Vater sagte: Vater!
Ich will ein bissel noch zur Eve gehn.
Denn heuren wollt ich sie, das müßt Ihr wissen.
Ein rüstig Mädel ists, ich habs beim Ernten
Gesehn, wo alles von der Faust ihr ging
Und ihr das Heu man flog, als wie gemaust.
Da sagt' ich: Willst du? Und sie sagte: ach!
Was du da gakelst. – Und nachher sagt' sie, ja.

Eine Fremde, zunächst störend

Sie erwähnen in Ihrem Brief, wie unbehaglich Sie sich an jenem Abend in Prag gefühlt haben und ohne daß Sie es sagen wollen und ohne daß Sie es wohl meinen, scheint es aus dieser Briefstelle hervorzugehn, daß damals erst mit mir die Unbehaglichkeit eingezogen ist ... Außerdem war damals gerade eine Zeit, wo ich mir öfters den Spaß machte, den Otto, der auf pünktliches Schlafengehn hält, bei meinen häufigen Besuchen durch besondere Lebhaftigkeit, die mit dem Vorrücken der Uhr sich vergrößerte, so lange vom Schlafen abzuhalten, bis mich gewöhnlich die ganze Familie mit vereinten Kräften, in aller Liebe natürlich, aus der Wohnung drängte. Infolgedessen bedeutete mein Erscheinen zu so später Stunde – es dürfte wohl schon 9 vorüber gewesen sein – eine gewisse Drohung ... Nun war ich nicht im geringsten darauf vorbereitet, einen Besuch dort anzutreffen, sondern hatte nur eine Verabredung, um 8 zu kommen ... Nun fand ich einen Besuch vor und war darüber ein wenig ärgerlich ... Ich sah Sie nur flüchtig an, setzte mich, und alles schien mir in bester Ordnung, kaum daß ich von Ihnen die leichte Aufmunterung fühlte, die mir Fremde innerhalb einer bekannten Gesellschaft immer verursachen ... Ich weiß nicht, wie dann (nein vorher, denn ich saß hierbei noch in der Nähe der Tür, also schief Ihnen gegenüber) das Gespräch auf Prügeln und auf Geschwister kam ... Sie erzählten, daß Sie als kleines Mädchen von Brüdern und Vettern ... viel geschlagen worden seien und dagegen recht wehrlos gewesen wären. Sie fuhren mit der Hand Ihren linken Arm hinunter, der damals in jenen Zeiten voll blauer Flecke gewesen sein soll. Sie sahen aber gar nicht wehleidig aus, und ich konnte, allerdings ohne mir genaue Rechenschaft darüber zu geben, nicht einsehn, wie es jemand hatte wagen können, Sie zu schlagen, wenn Sie auch damals nur ein kleines Mädchen waren. – Dann bemerkten Sie einmal nebenbei, während Sie irgendetwas ansahen oder lasen (Sie schauten damals viel zu wenig auf, und es war doch ein so kurzer Abend), daß Sie Hebräisch gelernt haben. Auf der einen Seite staunte ich das an, auf der andern hätte ich (alles sind nur damalige Meinungen, und sie sind lange Zeit durch ein feines Sieb gegangen) es nicht so übertrieben nebenbei erwähnt sehen wollen, und so freute ich mich auch im geheimen, als Sie später Tel awiw nicht übersetzen konnten. – Nun hatte sich also auch herausgestellt, daß Sie Zionistin wären, und das war mir sehr recht ... Es wurde über Maxens Bücher gesprochen. Sie ... erwähnten ... „Schloß Nornepygge" hätten Sie auch angefangen, aber nicht zu Ende lesen können. Bei dieser Bemerkung erstarrte ich tatsächlich für mich, für Sie und für alle. War es nicht eine nutzlose, nicht zu erklärende Beleidigung? Und doch führten Sie dieses scheinbar Unrettbare wie eine Heldin zu Ende, während wir alle auf Ihren zum Buch gebeugten Kopf sahen. Es stellte sich heraus, daß es keine Beleidigung, ja nicht einmal das geringste Urteil war, sondern nur eine Tatsache, über die Sie selbst verwundert waren, weshalb Sie auch bei Gelegenheit das Buch wieder vorzunehmen beabsichtigten. Das hätte nicht schöner aufgelöst werden können, und ich dachte, wir könnten uns alle ein wenig vor Ihnen schämen. – Zur Abwechslung brachte der Hr. Direktor den Bilderband jener Propyläenausgabe und kündigte an, er werde Ihnen Goethe in Unterhosen zeigen. Sie citierten: „Er bleibt ein König auch in Unterhosen", und dieses Citat war das einzige, was mir an dem Abend an Ihnen mißfallen hatte. Ich spürte von diesem Mißfallen fast einen Druck in der Kehle und hätte mich eigentlich fragen sollen, was mich zu einer solchen Beteiligung führte.

Wenn es Nacht wird in New York

Sie gehen ins Haus.
FRAU *mit schläfriger, unangenehmer Stimme* Wünschen?
JAN Haben Sie noch ein Zimmer frei?
FRAU Nur noch hier unten. Nummer eins. Bezahlt wird im voraus. Der Schlüssel. Bis Mittag räumen.
Sie gehen, ohne zu sprechen, durch den Korridor, er sperrt die Zimmertür auf und dann ab, wenn sie eingetreten sind.
JENNIFER Man geht nicht mit einem Fremden in ein Hotel, nicht wahr?
JAN Mir sind diese Redensarten bekannt.
JENNIFER Oh, diese furchtbare Luft. Nicht einmal einen Ventilator gibt es.
JAN Ist das so schlimm?
JENNIFER Nein. Aber ich kann doch jetzt nicht, kann nicht. Ich weiß nichts von dir. Oh, bitte, erzähl mir etwas von dir. Laß uns reden und überlegen.
JAN Zieh dich aus!
JENNIFER *weinerlich* Meine armen Hände. Meine armen, armen Hände. Sieh sie dir bloß an.
JAN Hast du mich nicht aufgefordert zu allem? Es ist mir noch nie in den Sinn gekommen, jemand so weh zu tun.

JENNIFER Wenn wenigstens das Zimmer nicht so schmutzig und finster wäre – etwas für Fliegen, für Schaben als Aufenthalt. Und ich selbst bin schmutzig von feuchter Zuckerluft. Schmeckst du den Sirup in der Luft?

JAN *wärmer* Du bist sehr süß, Jennifer. Denk nicht daran, mach die Augen zu.

Hält inne, dann mit einer nur geringen Ironie. Ach nein, sagte ich: „süß"?

JENNIFER *zitternd* Ja.

JAN Ich wollte etwas ganz anderes sagen. Man denkt nämlich nichts mehr dabei, weißt du? In Wahrheit denke ich, daß ich morgen früh aufs Schiffsbüro muß ...

JENNIFER *tonlos* Soll ich das Licht abdrehen?

JAN Dreh es ab. Und glaub mir, ich möchte dich ja gerne mit Schnee überschütten, damit du noch kühler wirst, als du warst, und noch mehr bedauerst. Auch ich werde es vielleicht bedauern oder vergessen im besten Fall. Man weiß so wenig vorher. Auch nachher. Eine Nacht ist zuviel und zuwenig.

JENNIFER *unter Tränen* Nein? Du bist furchtbar. Warum? Warum tust du das? Warum, warum, warum?

JAN Warum küßt du mich aber? Warum?

JENNIFER Gehen Sie doch. Ich habe nicht verlangt, daß Sie auf mich warten. Sie werden Ihre Schiffskarte nicht mehr bekommen und das Schiff verlieren.

JAN Sprechen Sie nicht so, Jennifer. Sie waren reizend, und ich habe Ihnen zu danken.

JENNIFER *verändert, aufrichtig* Das ist schauerlich, nicht wahr?

JAN Was?

JENNIFER Im Dunkeln und so tief, tief unten zu erwachen. Mit diesem Geschmack im Mund.

Eigentlich nicht sehr fromm

Es lebte in Paris ein junges Mädchen, die Nichte eines Kanonikus Fulbert, der sie, je mehr er sie liebte, um so sorgfältiger in jeder Wissenschaft, wo er nur konnte, zu fördern bestrebt war. Gehörte sie schon ihrem Äußern nach nicht zu den letzten, so war sie durch den Reichtum ihrer Bildung weitaus die erste. Denn je seltener man diesen Vorzug wissenschaftlicher Bildung bei Frauen findet, desto mehr empfahl er dieses Mädchen, das sich dadurch bereits im ganzen Lande

6.

einen hervorragenden Namen gemacht hatte. Sie, die ich mit allem geschmückt sah, was Liebhaber anzulocken pflegt, gedachte ich nun, da sie eher willfährig war, zur Liebe an mich zu fesseln, und meinte, am leichtesten könne ich dies. Mein Name war damals hoch gefeiert, und ich stach im Reiz meiner Jugend und Schönheit hervor, so daß ich keine Zurückweisung fürchten zu müssen glaubte, wenn ich eine Frau meiner Liebe würdigte, mochte sie sein, wer sie wollte. Von diesem Mädchen aber glaubte ich, daß sie sich mir um so lieber hingeben werde, als sie wissenschaftliche Bildung besaß und schätzte, wie ich wußte ...

In Liebe zu diesem Mädchen vollkommen entflammt, suchte ich nach einer Gelegenheit, um sie durch täglichen Verkehr in ihrem Hause mir vertraut zu machen und sie leichter zur Hingabe zu verleiten. Ihres Oheims eigene Freunde waren mir dabei behilflich, daß dies auch eintrat; ich kam mit ihm überein, daß er mich um eine beliebige Aufwandsentschädigung in sein Haus aufnehmen sollte, das ganz in der Nähe meiner Schule lag ... Er überließ sie offensichtlich ganz und gar meiner Erziehung und bat mich obendrein dringend, ich möchte doch ja alle freie Zeit, wenn ich von der Schule zurückgekehrt sei, sei's bei Tag oder bei Nacht, auf ihren Unterricht verwenden, ja, wenn ich spürte, daß sie nachlässig sei, solle ich sie rückhaltlos züchtigen. Ich mußte sehr staunen, wie groß seine Einfalt war, und ich war bei mir nicht weniger entsetzt, als wenn er das unschuldige Lamm dem hungrigen Wolf anvertraute. Wenn er sie mir nicht bloß zur Ausbildung, sondern auch zur heftigen Züchtigung auslieferte: was tat er da anderes, als meinen Wünschen vollkommene Freiheit zu gewähren und mir Gelegenheit zu bieten, auch wenn ich nicht wollte, sie, wenn ich es mit Schmeicheleien nicht vermochte, mit Drohungen und Schlägen um so leichter umzustimmen. Aber besonders zweierlei hielt schmählichen Verdacht fern von ihm: die Liebe zu seiner Nichte und der bisherige Ruf meiner Enthaltsamkeit.

Was soll ich weiter viel sagen? Zuerst ein Haus, dann ein Herz und eine Seele verbinden uns. Unter dem Deckmantel der Unterweisung gaben wir uns ganz der Liebe hin, und unsere Beschäftigung mit Lektüre bot uns die stille Abgeschiedenheit, die unsere Liebe sich wünschte. Da wurden über dem offenen Buch mehr Worte über Liebe als über Lektüre gewechselt; da gab es mehr Küsse als Sprüche. Nur allzu oft zog es die Hand statt zu den Büchern zu ihrem Busen, und öfter spiegelte Liebe die Augen ineinander, als daß die Lektüre sie auf die Schrift lenkte; ja, um jeden Verdacht unmöglich zu machen, ging ich einige Male so weit, daß ich sie züchtigte. Aber es war Liebe, nicht Grimm, Neigung, nicht Zorn, und sie überboten die Süße von allem Balsam der Welt. Kurz: keine Stufe der Liebe ließen wir Leidenschaftlichen aus, und wo die Liebe etwas Ungeheuerliches erfinden konnte, wurde es mitgenommen.

Mitleid schafft Liebe

ER: Ihr Vater liebte mich, lud oft mich ein,
Erforschte meines Lebens Lauf von Jahr
Zu Jahr: die Schlachten, Stürme, Schicksalswechsel,
So ich bestand.
Ich ging es durch, vom Knabenalter her,
Bis auf den Augenblick, wo er gefragt.
So sprach ich denn von manchem harten Fall,
Von schreckender Gefahr zu See und Land;
Wie ich ums Haar dem droh'nden Tod entrann,
Wie mich der stolze Feind gefangen nahm
Und mich als Sklav' verkauft; wie ich erlöst,
Und meiner Reisen wundervolle Fahrt:
Wobei von weiten Höhlen, wüsten Steppen,
Steinbrüchen, Felsen, himmelhohen Bergen
Zu melden war im Fortgang der Geschichte;
Von Kannibalen, die einander schlachten,
Anthropophagen, Völkern, deren Kopf
Wächst unter ihrer Schulter; das zu hören
War sie eifrig stets geneigt.
Oft aber rief ein Hausgeschäft sie ab;
Und immer, wenn sie eilig dies vollbracht,
Gleich kam sie wieder, und mit durst'gem Ohr
Verschlang sie meine Rede. Dies bemerkend,
Ersah ich einst die günst'ge Stund' und gab
Ihr Anlaß, daß sie mich recht herzlich bat,
Die ganze Pilgerschaft ihr zu erzählen,
Von der sie stückweis einzelnes gehört,
Doch nicht in strenger Folge. Ich begann,
Und oftmals hatt' ich Tränen ihr entlockt,
Wenn ich ein leidvoll Abenteu'r berichtet
Aus meiner Jugend. Als ich nun geendigt,
Gab sie zum Lohn mir eine Welt von Seufzern:

Sie schwur – in Wahrheit, seltsam! Wunderseltsam!
Und rührend war's!
Sie wünschte, daß sie's nicht gehört; doch wünschte sie,
Der Himmel habe sie als solchen Mann
Geschaffen, und sie dankte mir und bat mich,
Wenn je ein Freund von mir sie lieben sollte,
Ich mög' ihn die Geschicht' erzählen lehren,
Das würde sie gewinnen. Auf den Wink
Erklärt' ich mich,
Sie liebte mich, weil ich Gefahr bestand;
Ich liebte sie um ihres Mitleids willen:
Das ist der ganze Zauber, den ich brauchte.
Hier kommt das Fräulein, laßt sie dies bezeugen.

Verräterisches Zittern

Sie trug den Becher in der Hand
– Ihr Kinn und Mund glich seinem Rand –,
So leicht und sicher war ihr Gang,
Kein Tropfen aus dem Becher sprang.

So leicht und fest war seine Hand:
Er ritt auf einem jungen Pferde
Und mit nachlässiger Gebärde
Erzwang er, daß es zitternd stand.

Jedoch, wenn er aus ihrer Hand
Den leichten Becher nehmen sollte,
So war es beiden allzu schwer:
Denn beide bebten sie so sehr,
Daß keine Hand die andre fand
Und dunkler Wein am Boden rollte.

Scheiden, das ist auch ein wenig Sterben

Ein Quiz, bei dem dreizehnmal Abschied genommen wird

Das hat jeder schon einmal erlebt: Man verabschiedet sich tiefbewegt und seelenvoll. Doch bevor der Partner die lange Reise antritt, sieht man ihn noch ein zweites Mal. Da verabschiedet man sich schon beiläufiger. Dummerweise begegnet man ihm kurz vor der Trennung abermals. Jetzt fällt der Abschied geradezu unwillig, verärgert aus. Man sagt sich flüchtig, belästigt „Lebewohl" – und das war dann vielleicht die letzte Begegnung.

In den großen Abschiedsszenen, wie sie aus der Weltliteratur zu uns herüberhallen, wird nur zu deutlich, wieviel Schmerz, Todesangst und Verzweiflung im Abschied stecken können. Vielleicht jedoch sieht man sich aber auch vergnügt wieder nach gerührter Abschiedszeremonie. Was dann? Bei Shakespeare, im „Julius Cäsar", nehmen zwei Römer – Brutus und Cassius – zärtlich Abschied voneinander. Falls es überflüssig war, wollen sie beim Wiedersehn lächeln. Falls nicht: „So war dies Scheiden wohlgetan" ...

Shakespeare freilich kommt hier nicht vor, wohl aber Episches, Dramatisches, Romanhaftes, ein Brief und vor allem Lyrik – ausnahmslos von berühmten oder gar weltberühmten Autoren. Daß die Frauen beim Abschiednehmen meist die Zärtlicheren, die Herzlicheren waren, liegt nicht nur in ihrem Naturell, sondern auch in der Natur jener gesellschaftlichen Ordnung, die den Männern das Abenteuer und allen Frauen den Haushalt nahelegt. Das dürfte sich geändert haben. Da die meisten Texte aus dem Deutschsprachigen kommen (Ausnahmen: 2, 10, 13), kann Stilanalyse beim Erraten gewiß helfen.

Die Lösungen finden Sie auf Seite 173/174.

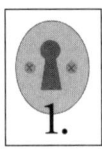

Wenn der Geist ruft

Lebt wohl, ihr Berge, ihr geliebten Triften,
Ihr traulich stillen Täler lebet wohl!
Johanna wird nun nicht mehr auf euch wandeln,
Johanna sagt euch ewig Lebewohl.
Ihr Wiesen, die ich wässerte! Ihr Bäume,
Die ich gepflanzet, grünet fröhlich fort!
Lebt wohl, ihr Grotten und ihr kühlen Brunnen!
Du Echo, holde Stimme dieses Tals,
Die oft mir Antwort gab auf meine Lieder,
Johanna geht, und nimmer kehrt sie wieder!
Ihr Plätze alle meiner stillen Freuden,
Euch laß ich hinter mir auf immerdar!
Zerstreuet euch, ihr Lämmer auf der Heiden,
Ihr seid jetzt eine hirtenlose Schar,
Denn eine andre Herde muß ich weiden,
Dort auf dem blutgen Felde der Gefahr,
So ist des Geistes Ruf an mich ergangen,
Mich treibt nicht eitles, irdisches Verlangen.

Unter Tränen lächelnd

Siehe, mit Lächeln blickte der Vater still auf das Knäblein;
Aber neben ihn trat Andromache, Thränen vergießend,
Drückt' ihm freundlich die Hand und redete, also beginnend:
„Trautester Mann, dich tötet dein Mut noch, und du erbarmst dich
Nicht des stammelnden Kindes, noch mein, des elenden Weibes,
Ach, bald Witwe von dir, denn dich töten gewiß die Achäer,
Alle daher dir stürmend! Allein mir wäre das Beste,
Deiner beraubt, in die Erde hinabzusinken ...“
Ihr antwortet drauf der helmumflatterte Hektor:
... „Einst wird kommen der Tag, da die heilige Ilios hinsinkt,
Priamos selbst und das Volk des lanzenkundigen Königs.
Doch nicht kümmert mich so der Troer künftiges Elend ...
Als wie deins, wenn ein Mann der erzumschirmten Achäer
Weg die Weinende führt, der Freiheit Tag dir entreißend ...“
Also der Held, und hin nach dem Knäblein streckt' er die Arme;
Aber zurück an den Busen der schöngegürteten Amme
Schmiegte sich schreiend das Kind, erschreckt von dem liebenden Vater,

Scheuend des Erzes Glanz und die flatternde Mähne des Busches,
Welchen es fürchterlich sah von des Helmes Spitze herabwehn.
Lächelnd schaute der Vater das Kind und die zärtliche Mutter.
Schleunig nahm vom Haupte den Helm der strahlende Hektor,
Legete dann auf die Erde den schimmernden; aber er selber
Küßte sein liebes Kind und wiegt' es sanft in den Armen ...

Auch noch Klaviermusik

Als sie einander acht Jahre kannten
(und man darf sagen: sie kannten sich gut),
kam ihre Liebe plötzlich abhanden.
Wie andern Leuten ein Stock oder Hut.

Sie waren traurig, betrugen sich heiter,
versuchten Küsse, als ob nichts sei,
und sahen sich an und wußten nicht weiter.
Da weinte sie schließlich. Und er stand dabei.

Vom Fenster aus konnte man Schiffen winken.
Er sagte, es wäre schon Viertel nach Vier
und Zeit, irgendwo Kaffee zu trinken.
Nebenan übte ein Mensch Klavier.

Sie gingen ins kleinste Café am Ort
und rührten in ihren Tassen.
Am Abend saßen sie immer noch dort.
Sie saßen allein, und sie sprachen kein Wort
und konnten es einfach nicht fassen.

Wenn man Lebwohl sagt ...

Eben erhalte ich „Das Lebewohl" usw. Ich sehe, daß Sie doch auch
andre Exemplare mit französischem Titel – Warum denn? Lebwohl
ist was ganz andres als les adieux: das erstere sagt man nur einem
herzlich allein, das andre einer ganzen Versammlung, ganzen Städten.
Da Sie mich so schändlich rezensieren lassen, so sollen Sie auch her-
halten ...

Bitte rein bleiben

Sieh mein kind ich gehe.
Denn du darfst nicht kennen
Nicht einmal durch nennen
Menschen müh und wehe.

Mir ist um dich bange.
Sieh mein kind ich gehe
Dass auf deiner wange
Nicht der duft verwehe.

Würde dich belehren ·
Müsste dich versehren
Und das macht mir wehe.
Sieh mein kind ich gehe.

Letzte Küsse

Nun war der Mutter für den nächsten Morgen Arbeit bei einem Bau
in Aussicht gestellt worden, aber sie fürchtete, wie sie Therese den
ganzen Tag über zu erklären suchte, die günstige Gelegenheit nicht
ausnützen zu können, denn sie fühlte sich todmüde, hatte schon am
Morgen zum Schrecken der Passanten auf der Gasse viel Blut gehustet,
und ihre einzige Sehnsucht war, irgendwo in die Wärme zu kommen
und sich auszuruhen. Und gerade an diesem Abend war es unmöglich,
ein Plätzchen zu bekommen. Dort, wo sie nicht schon vom Haus-
besorger aus dem Torgang gewiesen wurden, in dem man sich immerhin vom Wetter ein wenig hätte erholen können, durcheilten sie die
einen, eisigen Korridore, durchstiegen die hohen Stockwerke, um-
kreisten die schmalen Terrassen der Höfe, klopften wahllos an Türen,
wagten einmal niemanden anzusprechen, baten dann jeden, der ihnen
entgegenkam, und einmal oder zweimal hockte die Mutter atemlos auf
der Stufe einer stillen Treppe nieder, riß Therese, die sich fast wehrte,
an sich und küßte sie mit schmerzhaftem Anpressen der Lippen.
Wenn man nachher weiß, daß das die letzten Küsse waren, begreift
man nicht, daß man, und mag man ein kleiner Wurm gewesen sein, so
blind sein konnte, das nicht einzusehen ...
  Am Morgen, dem Beginn eines schönen Wintertages, lehnten sie
beide an einer Hausmauer und hatten dort vielleicht ein wenig

geschlafen, vielleicht nur mit offenen Augen herumgestarrt. Es zeigte sich, daß Therese ihr Bündel verloren hatte, und die Mutter machte sich daran, Therese zur Strafe für die Unachtsamkeit zu schlagen, aber Therese hörte keinen Schlag und spürte keinen ...

Ohne sich in der Bauhütte zu melden, wie dies üblich war, und ohne jemanden zu fragen, stieg die Mutter eine Leiter hinauf, als wisse sie schon selbst, welche Arbeit ihr zugeteilt war ...

Nun kam aber die Mutter auf ihrem Gang zu einem kleinen Ziegelhaufen, vor dem das Geländer und wahrscheinlich auch der Weg aufhörte, aber sie hielt sich nicht dran, ging auf den Ziegelhaufen los, ihre Geschicklichkeit schien sie verlassen zu haben, sie stieß den Ziegelhaufen um und fiel über ihn hinweg in die Tiefe. Viele Ziegel rollten ihr nach und schließlich, eine ganze Weile später, löste sich irgendwo ein schweres Brett los und krachte auf sie nieder. Die letzte Erinnerung Thereses an ihre Mutter war, wie sie mit auseinandergestreckten Beinen dalag in dem karierten Rock, der noch aus Pommern stammte, wie jenes auf ihr liegende rohe Brett sie fast bedeckte, wie nun die Leute von allen Seiten zusammenliefen und wie oben vom Bau irgendein Mann zornig etwas hinunterrief.

Sieg über alle Abschiede

Sei allem Abschied voran, als wäre er hinter
dir, wie der Winter, der eben geht.
Denn unter Wintern ist einer so endlos Winter,
daß, überwinternd, dein Herz überhaupt übersteht.

Sei immer tot in Eurydike –, singender steige,
preisender steige zurück in den reinen Bezug.
Hier, unter Schwindenden, sei, im Reiche der Neige,
sei ein klingendes Glas, das sich im Klang schon zerschlug.

Sei – und wisse zugleich des Nicht-Seins Bedingung,
den unendlichen Grund deiner innigen Schwingung,
daß du sie völlig vollziehst, dieses einzige Mal.

Zu dem gebrauchten, sowohl, wie zum dumpfen und stummen
Vorrat der vollen Natur, den unsäglichen Summen,
zähle dich jubelnd hinzu und vernichte die Zahl.

8.

Blindheit und Traum

Endlich hatte Anna eine Anhöhe erklommen. Sie ahnte den Fluß zu ihren Füßen und sah nach drüben auf die unruhige trübe Lichterfülle der Stadt. Die Türmer schwenkten die Fernrohre. Ob ihnen wohl auffiel, wie alarmierend die Stille war? ... Vielen, vielen Abschieden lauschen die Tore ... Mitternacht ...

Schneller als ihr Erschrecken vollzog sich das Schreckliche: Mit leuchtenden Augen richtete die doppelköpfige Schlange ihre Häupter vor Annas Gesicht auf. Das Mädchen hielt den Atem an, um von der Fessel nicht erwürgt zu werden, die sich um sie schlang; sie war ausgelöscht vor tödlicher Überraschung, und ihre Gedanken ergriffen die Flucht und ließen sie zurück in unsäglicher Leere. Reglos lag sie, und reglos und königlich stand das Tier über sie geneigt. Allmählich erst kam Leben in die Schlange, sie neigte den Kopf – und im Moos klang erstickt Gefallenes auf. Anna wagte nicht, danach zu greifen: sie spürte nur, wie ihre eigene Hand sich tiefer in den Boden grub, sich von ihr wegbegab, um etwas dazuzulegen. Dann schloß sie die Augen und wähnte sich gestorben. Lange lag sie so, und lange ging ihr Atem nicht. Selbst die Nacht hielt den Atem an und hielt ihre Gewitter zurück. Spinnen netzten Schleier von Baum zu Baum und verhingen den Wald im Letzten. Ätzende Tropfen fielen auf Annas Lider, traten durch sie ein in die zitternden Augen und überschwemmten sie. Das Gift wirkte rasch. Der Druck von Annas Hals wich. Lautlos entfernte sich das Tier. Die Gedanken strömten zurück zu früh und zu spät ...

Das Mädchen genoß die Erblindung wie einen Traum, der nichts versprach und alles hielt. Fast schwebend gelangte sie weiter. Sie lächelte und wußte sich nicht. „Ich werde das Dunkelste sehen", flüsterte sie verwirrt; und sie wußte auch nicht, was sie sprach.

Betrunken taumelte sie in das überhelle Dunkel ...

Eine Stunde vor Tag!

Anna besann sich, sie blieb stehen, sie gewann es bei diesem Gedanken nicht über sich, noch einen Schritt zu tun. Über ihr Gesicht rannen Tränen ... Woher sie kamen und wohin sie flossen, war schwer zu sagen, denn aus ihren Augen traten sie nicht. Trotzdem spürte sie, wie sehr sie weinte, und wußte, daß sie weinte, obwohl sie dies noch nie getan hatte. Jemand vergoß die Tränen für sie, jemand trug an ihrer Trauer, an ihrer Fassungslosigkeit und nahm sie auf sich, ohne sie ganz freizugeben. Genug blieb, zuviel, viel zuviel.

„Die vielen, vielen Abschiede!"

Schwebender Halt

JENNY: Sieh jene Kraniche in großem Bogen!
PAUL: Die Wolken, welche ihnen beigegeben –
JENNY: – Zogen mit ihnen schon, als sie entflogen –
PAUL: – Aus einem Leben in ein andres Leben.
JENNY: In gleicher Höhe und mit gleicher Eile –
BEIDE: – Scheinen sie alle beide nur daneben.
JENNY: Daß so der Kranich mit der Wolke teile
Den schönen Himmel, den sie kurz befliegen, –
PAUL: – Daß also keines länger hier verweile –
JENNY: – Und keines andres sehe als das Wiegen
Des andern in dem Wind, den beide spüren,
Die jetzt im Fluge beieinander liegen.
PAUL: So mag der Wind sie in das Nichts entführen.
Wenn sie nur nicht vergehen und sich bleiben!
JENNY: So lange kann sie beide nichts berühren.
PAUL: So lange kann man sie von jedem Ort vertreiben,
Wo Regen drohen oder Schüsse schallen.
JENNY: So unter Sonn' und Monds wenig verschiedenen Scheiben
Fliegen sie hin, einander ganz verfallen.
PAUL: Wohin ihr?
JENNY: Nirgendhin.
PAUL: Von wem entfernt?
JENNY: Von allen.
PAUL: Ihr fragt, wie lange sind sie schon beisammen?
JENNY: Seit kurzem.
PAUL: Und wann werden sie sich trennen?
JENNY: Bald.
BEIDE: So scheint die Liebe Liebenden ein Halt.

Eiskalter Parvenu

Er hatte aus seiner Abreise ein Geheimnis gemacht, aber Mathilde
wußte besser als er, daß er am nächsten Tag Paris verließ, und für
lange. Sie schützte rasendes Kopfweh vor, das in der stickigen Luft des
Salons noch zunahm. Sie ging viel im Garten spazieren und setzte
Norbert, dem Marquis de Croisenois, Daylus, de Luz und einigen
anderen jungen Männern, die zu Tisch gekommen waren, mit ihren
beißenden Reden derart zu, daß sie das Haus verließen.

Sie warf Julien einen merkwürdigen Blick zu.

„Dieser Blick ist vielleicht eine Komödie", dachte Julien; „aber dieser keuchende Atem, aber diese ganze Verwirrung! Bah", sagte er sich, „wer bin ich, bin ich denn imstande, in alldem klar zu sehen? Hier stehe ich dem höchsten Raffinement der Pariserin gegenüber. Den keuchenden Atem, der mich fast gerührt hätte, wird sie bei Léontine Fay, ihrer besten Freundin, studiert haben."

Sie waren allein geblieben; die Unterhaltung ermattete sichtlich.

„Nein, Julien empfindet nichts für mich", dachte Mathilde und war aufrichtig unglücklich.

Als er Abschied von ihr nahm, preßte sie seinen Arm an sich und sagte mit einer entstellten Stimme, die nicht wiederzuerkennen war:

„Sie werden heute abend einen Brief von mir bekommen."

Ihre Stimme rührte Julien sofort ...

Eine Stunde später übergab ein Lakai Julien einen Brief; er enthielt ganz einfach eine Liebeserklärung.

„Der Stil ist nicht allzu geziert", sagte sich Julien, der hinter seiner literarischen Kritik die Freude zu verbergen suchte, die ihm die Backenmuskeln zusammenzog und ihn zwang, wider Willen zu lachen.

Als die Erregung sich nicht mehr zügeln ließ, brach er plötzlich aus und sagte:

„Endlich schickt mir eine große Dame eine Liebeserklärung, mir, dem armen Bauernjungen!"

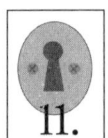

Gefährlicher Großmut

11.

B: Zu neuen Tagen,
teurer Helde,
wie liebt ich dich,
ließ ich dich nicht?
Ein einzig Sorgen
läßt mich säumen,
daß dir zu wenig
mein Wert gewann.
Was Götter mich wiesen,
gab ich dir:
heiliger Runen
reichen Hort;
doch meiner Stärke
magdlichen Stamm

nahm mir der Held,
dem ich nun mich neige.
Des Wissens bar,
doch des Wunsches voll:
an Liebe reich,
doch ledig der Kraft,
mögst du die Arme
nicht verachten,
die dir nur gönnen,
nicht geben mehr kann!
S: Mehr gabst du Wunderfrau,
als ich zu wahren weiß.
Nicht zürne, wenn dein Lehren
mich unbelehret ließ! ...
B: Willst du mir Minne schenken,
gedenke deiner nur,
gedenke deiner Taten:
gedenk des wilden Feuers,
das furchtlos du durchschrittest,
da den Fels es rings umbrann! ...
B: *(in großer Ergriffenheit)* Oh! heilige Götter!
Hehre Geschlechter!
Weidet eu'r Aug
an dem weihvollen Paar!
Getrennt – wer will es scheiden!
Geschieden – trennt es sich nie!

Sprach Er so?

Er sagte. „Liebe Seele, laß mich dir innig erwidern, zum Abschied und zur Versöhnung. Du handelst vom Opfer, aber damit ist's ein Geheimnis und eine große Einheit wie mit Welt, Leben, Person und Werk, und Wandlung ist alles. Den Göttern opferte man, und zuletzt war das Opfer der Gott. Du brauchtest ein Gleichnis, das mir lieb und verwandt ist vor allen, und von dem meine Seele besessen seit je: das von der Mücke und der tödlich lockenden Flamme. Willst du denn, daß ich diese sei, worein sich der Falter begierig stürzt, bin ich im Wandel und Austausch der Dinge die brennende Kerze doch auch, die ihren Leib opfert, damit das Licht leuchte, bin ich auch wieder der trunkene Schmetterling, der der Flamme verfällt ...

12.

Laß unseren Blick sich auftun und unsere Augen groß sein für die Einheit der Welt – groß, heiter und wissend. Verlangt dich nach Sühne? Laß, ich sehe sie mir entgegenreiten in grauem Kleide. Dann wird wieder die Stunde Werthers und Tasso's schlagen, wie es mitternächtlich gleich schlägt dem Mittag, und daß ein Gott mir gab zu sagen, was ich leide, – nur dieses Erst' und Letzte wird mir dann bleiben. Dann wird das Verlassen nur noch Abschied, Abschied für immer sein, Todeskampf des Gefühls, und die Stunde gräßlicher Schmerzen voll, Schmerzen, wie sie wohl dem Tode um einige Zeit vorangehen, und die das Sterben sind, wenn auch noch nicht der Tod. Tod, letzter Flug in die Flamme, – im All-Einen, wie sollte auch er denn nicht nur Wandlung sein? In meinem ruhenden Herzen, teure Bilder, mögt ihr ruhen – und welch freundlicher Augenblick wird es sein, wenn wir dereinst wieder zusammen erwachen." Die frühvernommene Stimme verhauchte. „Friede deinem Alter!" flüsterte sie noch. Der Wagen hielt.

Ruhe für mein einsam Herz

13.

Es weht kühl im Schatten meiner Fichten.
Ich stehe hier und harre meines Freundes;
Ich harre sein zum letzten Lebewohl.
Ich sehne mich, o Freund, an deiner Seite
Die Schönheit dieses Abends zu genießen.
Wo bleibst Du! Du läßt mich lang allein!
Ich wandle auf und nieder mit meiner Laute
Auf Wegen, die vom weichen Grase schwellen.
O Schönheit! O ewigen Liebens – Lebens – trunk'ne Welt!
Er stieg vom Pferd und reichte ihm den Trunk
Des Abschieds dar. Er fragte ihn, wohin
Er führe und auch warum es müßte sein.
Er sprach, seine Stimme war umflort. Du, mein Freund,
Mir war auf dieser Welt das Glück nicht hold!
Wohin ich geh!? Ich geh', ich wand're in die Berge.
Ich suche Ruhe für mein einsam Herz.
Ich wandle nach der Heimat! Meiner Stätte.
Ich werde niemals in die Ferne schweifen.
Still ist mein Herz und harret seiner Stunde!
Die liebe Erde allüberall blüht auf im Lenz und grünt
Aufs neu! Allüberall und ewig blauen licht die Fernen!
Ewig ... ewig ...

Tränen – ewige Beglaubigung der Menschheit

Über Emotionen und Ekstasen

Sind wir „außer uns", in Ekstase, bewegt durch großen Schmerz oder großes Glück – dann weinen wir. Tränen wirken respektgebietend, mitleiderregend, entwaffnend. Weinende scheinen ehrlich und hilflos. Zwar hat ein geistreicher französischer Moralist, offenbar kein Bewunderer des weiblichen Geschlechtes, einmal spöttisch geäußert: „Mit Frauen, die weinen, Mitleid haben, heißt Gänse bedauern, weil sie barfuß laufen müssen". Aber da halten wir uns doch lieber an unseren edlen Schiller. Dessen Don Carlos ruft mit großem, ernstem Pathos aus: „Die ewige Beglaubigung der Menschheit sind ja Tränen".

In diesem Quiz geht es um Tränen in mannigfacher Form. Geht es um Hohes und Heiteres. Wer sich in großer Musik auskennt, dürfte einige Texte ohne weiteres erraten. Gerade die Tonkunst hat besonders viel mit Emotionen zu tun. Ein Autor, er hat es verdient, kommt hier sogar zweimal vor: mit Zitaten aus einem berühmten Roman und einem noch berühmteren Stück. Bei drei Texten handelt es sich um Übersetzungen (aus dem Englischen, Russischen und Spanischen).

Alle elf Texte zu erraten ist schwer. Einige unserer Tränen-Zitate freilich gehören zu den berühmtesten Stellen deutscher Dichtung und dürften keine Probleme bereiten. Viel Spaß bei der Auflösung. Freudentränen, falls man einen Text erkennt, Zornestränen, falls man eine Stelle nicht herausbekommt, sind nicht unbedingt nötig, aber durchaus statthaft. Denn auch ein solches Quiz ist ein Spiel, nichts weniger. Und kann durchaus mit Anteilnahme gespielt werden.

Die Lösungen finden Sie auf S. 174.

Triumph der Empfindsamkeit

Ich hab im Traum geweinet,
Mir träumte, du lägest im Grab.
Ich wachte auf, und die Träne
Floß noch von der Wange herab.

Ich hab im Traum geweinet,
Mir träumt′, du verließest mich.
Ich wachte auf, und ich weinte
Noch lange bitterlich.

Ich hab im Traum geweinet,
Mir träumte, du bliebest mir gut.
Ich wachte auf, und noch immer
Strömt meine Tränenflut.

Erschütternder erschütterter König

„Ich habe jetzt etwas Wundervolles gelesen, etwas Prachtvolles ...“,
sagte er. Sie gingen und aßen gemeinsam aus einer Tüte Frucht-
bonbons, die sie bei Krämer Iwersen in der Mühlenstraße für zehn
Pfennige erstanden hatten. „Du mußt es lesen, Hans, es ist nämlich
Don Carlos von Schiller ... Ich leihe es dir, wenn du willst ...“

„Ach nein“, sagte Hans Hansen, „das laß nur, ..., das paßt nicht für
mich. Ich bleibe bei meinen Pferdebüchern, weißt du. Famose Abbil-
dungen sind darin, sage ich dir. Wenn du mal bei mir bist, zeige ich sie
dir. Es sind Augenblicksphotographien, und man sieht die Gäule im
Trab und im Galopp und im Sprunge, in allen Stellungen, die man in
Wirklichkeit gar nicht zu sehen bekommt, weil es zu schnell geht ...“

„In allen Stellungen?“ ... „Ja, das ist fein. Was aber ‚Don Carlos‘
betrifft, so geht das über alle Begriffe. Es sind Stellen darin, du sollst
sehen, die so schön sind, daß es einem einen Ruck gibt, daß es gleichsam knallt...“

„Knallt es?“ fragte Hans Hansen ... „Wieso?“

„Da ist zum Beispiel die Stelle, wo der König geweint hat, weil er
von dem Marquis betrogen ist ... aber der Marquis hat ihn nur dem
Prinzen zuliebe betrogen, verstehst du, für den er sich opfert. Und nun
kommt aus dem Kabinett in das Vorzimmer die Nachricht, daß der
König geweint hat. ‚Geweint?‘ ‚Der König geweint?‘ Alle Hofmänner

sind fürchterlich betreten, und es geht einem durch und durch, denn es ist ein schrecklich starrer und strenger König. Aber man begreift es so gut, daß er geweint hat, und mir tut er eigentlich mehr leid als der Prinz und der Marquis zusammengenommen. Er ist immer so ganz allein und ohne Liebe, und nun glaubt er einen Menschen gefunden zu haben, und der verrät ihn ..."

Hans Hansen ... fragte: „Auf welche Weise verrät er ihn denn ...?"

„Ja, die Sache ist" fing er an, „daß alle Briefe nach Brabant und Flandern ..."

„Da kommt Erwin Jimmerthal" sagte Hans.

... Möchte ihn doch, dachte er, die Erde verschlingen, diesen Jimmerthal! Warum muß er kommen und uns stören! Wenn er nur nicht mit uns geht und den ganzen Weg von der Reitstunde spricht ...

Versöhnung mit dem Leben

3.

Chor der Engel.   Christ ist erstanden!
            Selig der Liebende,
            Der die betrübende,
            Heilsam' und übende
            Prüfung bestanden.

Was sucht ihr, mächtig und gelind,
Ihr Himmelstöne, mich am Staube?
Klingt dort umher, wo weiche Menschen sind.
Die Botschaft hör' ich wohl, allein mir fehlt der Glaube;
Das Wunder ist des Glaubens liebstes Kind.
Zu jenen Sphären wag' ich nicht zu streben,
Woher die holde Nachricht tönt;
Und doch, an diesem Klang von Jugend auf gewöhnt,
Ruft er auch jetzt zurück mich in das Leben.
Sonst stürzte sich der Himmelsliebe Kuß
Auf mich herab, in ernster Sabbatstille;
Da klang so ahnungsvoll des Glockentones Fülle,
Und ein Gebet war brünstiger Genuß;
Ein unbegreiflich holdes Sehnen
Trieb mich, durch Wald und Wiesen hinzugehn,
Und unter tausend heißen Tränen
Fühlt' ich mir eine Welt entstehn.
Dies Lied verkündete der Jugend muntre Spiele,

Der Frühlingsfeier freies Glück;
Erinnerung hält mich nun mit kindlichem Gefühle
Vom letzten, ernsten Schritt zurück.
O tönet fort, ihr süßen Himmelslieder!
Die Träne quillt, die Erde hat mich wieder!

Traum eines Genies

Ich war ein Bruder vieler Brüder und Schwestern. Unser Vater, u. unsere Mutter waren gut. Ich war allen mit tiefer Liebe zugethan. – Erstmahls führte uns der Vater zu einem Lustgelage. Da wurden die Brüder sehr fröhlich. Ich aber war traurig. Da trat mein Vater zu mir, u. befahl mir, die köstlichen Speisen zu genießen. Ich aber konnte nicht, worüber mein Vater erzürnend mich aus seinem Angesicht verbannte. Ich wandte meine Schritte und mit einem Herzen voll unendlicher Liebe für die, welche sie verschmähten, wanderte ich in ferne Gegend. Jahre lang fühlte ich den größten Schmerz u. die größte Liebe mich zertheilen. Da kam mir Kunde von meiner Mutter Tode. Ich eilte sie zu sehen, u. mein Vater von Trauer erweicht, hinderte meinen Eintritt nicht. Da sah ich ihre Leiche. Thränen entflossen meinen Augen. Wie die gute alte Vergangenheit, in der wir uns nach der Verstorbenen Meinung auch bewegen sollten, wie sie sich einst, sah ich sie liegen.

Und wir folgten ihrer Leichte in Trauer u. die Bahre versank. – Von dieser Zeit an blieb ich wieder zu Hause. Da führte mich mein Vater wieder einstmahls in seinen Lieblingsgarten. Er fragte mich, ob er mir gefiele. Doch mir war der Garten ganz widrig u. ich getraute mir nichts zu sagen. Da fragte er mich zum zweytenmahl erglühend: ob mir der Garten gefiele? Ich verneinte es zitternd. Da schlug mich mein Vater u. ich entfloh. Und zum zweytenmal wandte ich meine Schritte, u. mit einem Herzen voll unendlicher Liebe für die, welche sie verschmähten, wanderte ich abermals in ferne Gegend. Lieder sang ich nun lange Jahre. Wollte ich Liebe singen, ward sie mir zum Schmerz. Und So zertheilte mich die Liebe und der Schmerz.

Und einst bekam ich Kunde von einer frommen Jungfrau, die erst gestroben war. Und ein Kreis sich um ihr Grabmahl zog, in dem viele Jünglinge u. Greise auf ewig wie in Seligkeiten wandelten. Sie sprachen leise, die Jungfrau nicht zu wecken.

Himmlische Gedanken schienen immerwährend aus der Jungfrau Grabmahl auf die Jünglinge wie lichte Funken zu sprühen, welche sanftes Geräusch erregten. Da sehnte ich mir sehr auch da zu wandeln. Doch nur ein Wunder, sagten die Leute, führt in den Kreis. Ich aber trat langsamen Schrittes, innerer Andacht u. festem Glauben, mit gesenktem Blicke auf das Grabmahl zu, u. ich fühlte die ewige Seligkeit wie in einen Augenblick zusammengedrängt. Auch meinen Vater sah ich versöhnt u. liebend. Er schloß mich in seine Arme und weinte. Noch mehr aber ich. –

Schrecklich enttäuschter Wolf

Ein Werwolf eines Nachts entwich
von Weib und Kind und sich begab
an eines Dorfschullehrers Grab
und bat ihn: „Bitte, beuge mich!"

Der Dorfschulmeister stieg hinauf
auf seines Blechschilds Messingknauf
und sprach zum Wolf, der seine Pfoten
geduldig kreuzte vor dem Toten:

„Der Werwolf", sprach der gute Mann,
„des Weswolfs, Genitiv sodann,
dem Wemwolf, Dativ, wie mans nennt,
den Wenwolf, – damit hats ein End."

Dem Werwolf schmeichelten die Fälle,
er rollte seine Augenbälle.
„Indessen", bat er „füge doch
zur Einzahl auch die Mehrzahl noch!"

Der Dorfschulmeister aber mußte
gestehn, daß er von ihr nichts wußte.
Zwar Wölfe gäbs in großer Schar,
doch „wer" gäbs nur im Singular.

Der Wolf erhob sich tränenblind -
er hatte ja doch Weib und Kind!!
Doch da er kein Gelehrter eben,
so schied er dankend und ergeben.

Starkes, erschütterbares Herz

Sie ging in dem größeren Nebenzimmer lebhaft auf und ab. Sie wiederholte sich aber- und abermals, was sie seit jenem unerwarteten Vorschlag des Grafen oft genug bei sich um und um gewendet hatte. Der Hauptmann schien vor ihr zu stehen. Er füllte noch das Haus, er belebte noch die Spaziergänge, und er sollte fort, das alles sollte leer werden! ... Sie verwünschte die Zeit, die es braucht, um sie [die Schmerzen] zu lindern; sie verwünschte die totenhafte Zeit, wo sie würden gelindert sein.

Da war denn zuletzt die Zuflucht zu den Tränen um so willkommner, als sie bei ihr selten stattfand. Sie warf sich auf den Sofa und überließ sich ganz ihrem Schmerz ...

Eine gewisse Bewegung war an ihr sichtbar. Sie hatte geweint, und wenn weiche Personen dadurch meist an Anmut verlieren, so gewinnen diejenigen dadurch unendlich, die wir gewöhnlich als stark und gefaßt kennen.

Lästiges väterliches Mitgefühl

Seine Worte wirkten leicht gehässig (im ersten Augenblick dachte ich, er wisse etwas über Luisa und habe bis nach der Hochzeit gewartet, um es mir mitzuteilen), aber sein Ton jetzt war es nicht, nicht einmal zweideutig. Wenn es nicht zuviel gesagt wäre, würde ich sagen, daß es ein hilfloser Ton war. ... Er verschränkte seine Hände, die groß waren wie sein ganzer Körper und sein mehlweißer Kopf, an ihnen war sein Alter etwas mehr zu erkennen, ein wenig mehr, nicht sehr, sie hatten Flaten, aber keine Flecken. Er lächelte jetzt leutselig, wie es seiner Gewohnheit entsprach, fast mitleidig, ohne Spott, seine Augen blickten klar, seine Augen wie große Likör- oder Essigtropfen, wir befanden uns eher im Halbdunkel. Er war kein alter Mann, nie war er es gewesen, wie ich gesagt habe, aber in diesen Augenblicken sah ich ihn gealtert, das heißt von Angst erfaßt. Es gibt einen Schriftsteller namens Clerk oder Lewis, der über sich selbst nach dem Tod seiner Frau geschrieben hat und folgendermaßen begann: „Niemand hat mir je gesagt, daß der Schmerz ein Gefühl ist, das so sehr der Angst gleicht." Vielleicht war es Schmerz, was in dem Lächeln von Ranz, meinem Vater, durchschien. Es ist bekannt, daß Mütter weinen und etwas Ähnliches wie Schmerz fühlen, wenn ihre Sprößlinge heiraten, vielleicht fühlte mein Vater seine eigene Freude und auch den

Schmerz, den meine Mutter gefühlt hätte, die tot war. Ein stellvertretender Schmerz, eine stellvertretende Angst, ein Schmerz und eine Angst, die von einer anderen Person stammten, deren Gesicht wir beide schon ein wenig vergessen hatten.

Ein Mann verkennt seine Frau

Herrn Verloc überkam Mutlosigkeit, eine Folge seiner Erschöpfung. Er war den ganzen Tag über sehr beschäftigt gewesen und hatte seine Nerven bis aufs äußerste strapaziert. Nach einem Monat zermarternder Sorgen, der in einer unerwarteten Katastrophe geendet hatte, sehnte sich sein leidgeprüftes Gemüt nach Ruhe. Seine Laufbahn als Geheimagent war auf eine nicht vorhersehbare Weise beendet worden, und nun durfte er endlich auf eine ungestörte Nachtruhe rechnen. Als er jedoch seine Frau ansah, beschlichen ihn Zweifel. „Sie nimmt es sehr schwer", dachte er, „das sieht ihr gar nicht ähnlich." Er gab sich Mühe, ein passendes Wort zu finden. „Du mußt dich jetzt zusammennehmen, Mädchen", sagte er mitfühlend. „Was geschehen ist, ist geschehen.".

Frau Verloc fuhr ein wenig zusammen, doch rührte sich kein Muskel in ihrem weißen Gesicht.

Herr Verloc, der sie nicht ansah, fuhr gewichtig fort: „Geh jetzt zu Bett. Du mußt dich mal tüchtig ausweinen."

Dieses Mittel empfiehlt sich durch nichts als durch die Billigung seitens der gesamten Menschheit. Man ist allgemein der Auffassung, daß sich die Gefühle einer Frau in einem Schauer entladen müssen, ganz als seien sie nichts Substantielleres als eine Wolkenbank am Himmel.

Wohldotierter Heulwettbewerb

Hier machte der Bürgermeister das Testament zu, merkte an, die Bedingung sei wohl ungewöhnlich, aber doch nicht gesetzwidrig, sondern das Gericht müsse dem ersten, der weine, das Haus zusprechen, legte seine Uhr auf den Sessionstisch, welche auf 11 1/2 Uhr zeigte, und setzte sich ruhig nieder, um als Testaments-Vollstrecker so gut wie das ganze Gericht aufzumerken, wer zuerst die begehrten Tränen über den Testator vergösse.

– Daß es, solange die Erde geht und steht, je auf ihr einen betrübtern und krausern Kongreß gegeben als diesen von sieben gleichsam

zum Weinen vereinigten trocknen Provinzen, kann wohl ohne Partei-
lichkeit nicht angenommen werden. Anfangs wurde noch kostbare
Minuten hindurch bloß verwirrt gestaunt und gelächelt; der Kongreß
sah sich plötzlich in jenem Hund umgesetzt, dem mitten im zornig-
sten Losrennen der Feind zurief: wart auf! – und der plötzlich auf die
Hinterfüße stieg und Zähne-bleckend aufwartete – vom Verwünschen
wurde man zu schnell ins Beweinen emporgerissen.

An reine Rührung konnte – das sah jeder – keiner denken, so im Galopp
an Platzregen, an Jagdtaufe der Augen; doch konnte in 26 Minuten
etwas geschehen.

Der Kaufmann Neupeter fragte, ob das nicht ein verfluchter Handel
und Narrensposse sei für einen verständigen Mann, und verstand sich
zu nichts; doch verspürt´ er bei dem Gedanken, daß ihm ein Haus auf
einer Zähre in den Beutel schwimmen könnte, sonderbaren Drüsen-
Reiz und sah wie eine kranke Lerche aus, die man mit einem ein-
geölten Stecknadelknopfe – das Haus war der Knopf – klistiert.

Der Hoffiskal Knoll verzog sein Gesicht wie ein armer Hand-
werksmann, den ein Gesell Sonnabend abends bei einem Schuster-
licht rasiert und radiert; er war fürchterlich erboset auf den Mißbrauch
des Titels von Testamenten und nahe genug an Tränen des Grimms.

Der listige Buchhändler Paßvogel macht sich sogleich still an die
Sache selber und durchging flüchtig alles Rührende, was er teils im
Verlage hatte, teils in Kommission; und hoffte etwas zu brauen; noch
sah er dabei aus wie ein Hund, der das Brechmittel, das ihm der Pariser Hundearzt Hemet auf die Nase strichen, langsam ableckt; es war
durchaus Zeit erforderlich zum Effekt.

Flitte aus Elsaß tanzte geradezu im Sessionszimmer, besah lachend
alle Ernste und schwur, er sei nicht der Reichste unter ihnen, aber für
ganz Straßburg und Elsaß dazu wär´ er nicht imstande, bei einem
solchen Spaß zu weinen. –

Zuletzt sah ihn der Polizei-Inspektor Harprecht sehr bedeutend an
und versicherte: falls Monsieur etwas hoffe, durch Gelächter aus den
sehr bekannten Drüsen und aus den Meibomischen und der Karunkel
und andern die begehrten Tropfen zu erpressen und sich diebisch mit
diesem Fensterschweiß zu beschlagen, so wolle er ihn erinnern, daß er
damit so wenig gewinnen könne, als wenn er die Nase schneuzen und
davon profitieren wollte, indem in letztere, wie bekannt, durch den
ductus nasalis mehr aus den Augen fließe als in jeden Kirchenstuhl
hinein unter einer Leichenpredigt. – Aber der Elsasser versicherte, er
lache nur zum Spaß nicht aus ernstern Absichten.

Der Inspektor seinerseits, bekannt mit seinem dephlegmierten Herzen, suchte dadurch etwas Passendes in die Augen zu treiben, daß er mit ihnen sehr starr und weit offen blickte. Der Frühprediger Flachs sah aus wie ein reitender Betteljude, mit welchem ein Hengst durchgeht. ...

Der Kirchenrat, der seine Natur kannte aus Neujahrs- und Leichenpredigten, und der gewiß wußte, daß er sich selber zuerst erweichte, sobald er nur an andere Erweichungs-Reden halte, stand auf – da er sich und andere so lang am Trockenseile hängen sah – und sagte mit Würde, jeder, der seine gedruckten Werke gelesen, wisse gewiß, daß er ein Herz im Busen trage, das so heilige Zeichen, wie Tränen sind, eher zurückzudrängen, um keinem Nebenmenschen damit etwas zu entziehen, als mühsam hervorzureizen nötig habe aus Nebenabsichten. – „Dies Herz hat sie schon vergossen, aber heimlich, denn Kabel war ja mein Freund", sagt' er und sah munter umher.

Mit Vergnügen bemerkte er, daß alle noch so trocken dasaßen wie Korkhölzer; ... dieser [Flachsen] hielt sich Kabels Wohltaten und die schlechten Röcke und grauen Haare seiner Zuhörerinnen des Frühgottesdienstes, den Lazarus mit seinen Hunden und seinen eigenen langen Sarg in der Eile vor, ferner das Köpfen so mancher Menschen, Werthers Leiden, ein kleines Schlachtfeld und sich selber, wie er sich da so erbärmlich um den Testaments-Artikel in seinen jungen Jahren abquäle und abringe – noch drei Stöße hatt' er zu tun mit dem Pumpenstiefel, so hatte er sein Wasser und Haus. ...

„Ich glaube, meine verehrtesten Herren", sagte Flachs, betrübt aufstehend und überfließend umhersehend, „ich weine" – setzte sich darauf nieder und ließ es vergnügter laufen; er war nun auf dem Trockenen.

Nicht wohltuend – sondern beschwerend

10.

Natalja ... saß lange regungslos da, den Blick auf den Fußboden gerichtet. Dieser Brief bewies ihr klarer als alle möglichen Gründe, wie recht sie hatte, als sie heute morgen beim Abschied ... unwillkürlich ausgerufen hatte, daß er sie nicht liebe! Aber davon war ihr nicht leichter. Sie saß da, ohne sich zu rühren; es war ihr, als schlügen dunkle Wogen geräuschlos über ihrem Kopf zusammen und als sänke sie erstarrend und stumm auf den Grund. Jedermann fällt die erste Enttäuschung schwer; doch für eine aufrichtige Seele, die sich nicht zu täuschen wünscht, der Leichtsinn und Übertreibungen fremd sind, ist sie fast unerträglich. Natalja erinnerte sich ihrer Kindheit, da sie beim abendlichen Spaziergang stets darauf bedacht war, auf den lichten

Himmelsrand loszugehen, wo die Abendröte brannte, nicht aber auf den dunklen. Dunkel stand jetzt das Leben vor ihr und hatte sich mit dem Rücken dem Licht zugewandt...

Die Tränen waren in Nataljas Augen zurückgekehrt. Nicht immer pflegen Tränen wohltuend zu sein. Befreiend und heilsam wirken sie nur dann, wenn sie – lange in der Brust gestaut – endlich zu fließen anfangen: zuerst mit Anstrengung, dann immer leichter, immer süßer; sie lösen die stumme Qual der Schwermut... Aber es gibt auch kalte Tränen, spärlich fließende Tränen: sie werden tropfenweise von dem als schwere und regungslose Last auf dem Herzen liegenden Gram herausgedrückt; sie sind nicht erlösend und bringen keine Befreiung. Die Not weint solche Tränen, und es war noch nicht unglücklich, wer sie nicht vergossen hat. Natalja lernte sie an diesem Tag kennen.

Entsündigte Natur

P: Wie dünkt mich doch die Aue heut so schön!
Wohl traf ich Wunderblumen an,
die bis zum Haupte süchtig mich umrankten,
doch sah ich nie so mild und zart
die Halme, Blüten und Blumen,
noch duftet` All´ so kindisch hold,
und sprach so lieblich traut zu mir.
G: Das ist Charfreitags Zauber, Herr.
P: O wehe, des höchsten Schmerzentags!
Da sollte, wähn ich, was da blüht,
was atmet, lebt und wieder lebt,
nur trauern – ach! – und weinen?
G: Du siehst, das ist nicht so.
Des Sünders Reuetränen sind es,
die heut mit heil´gem Tau
beträufet Flur und Au:
der ließ sie so gedeihen.
Nun freut sich alle Kreatur
auf des Erlösers holder Spur,
will ihr Gebet ihm weihen.
Ihn selbst am Kreuze kann sie nicht erschauen;
da blickt sie zum erlösten Menschen auf:
der fühlt sich frei von Sündenlast und Grauen,
durch Gottes Liebesopfer rein und heil.

Lösungen

Wer liebt wen?
Seite 11–19
31.12.1965/1./2.1.1966

Es war ein Triumph für Thomas Mann – ein Mißerfolg für Goethe. Wer auch immer unser Quiz: „Wer liebt wen?" zu lösen versucht hatte: die Madame Chauchat haben, wie es scheint, fast alle erkannt. Der Pessimismus von Goethes Aurelie erfuhr indessen eine neue Bestätigung. Die Namen der neun zu erratenden Autoren und Buchtitel, dazu die achtzehn Hauptbeteiligten:

1. Thomas Mann: „Der Zauberberg"
(Hans Castorp und Madame Chauchat)

2. Jean Giraudoux: „Kampf mit dem Engel"
(Ich-Erzähler und Maléna Paz)

3. Hans Habe: „Die Tarnowska"
(Baron Wladimir Michailowitsch Stahl und Gräfin Tarnowska)

4. Heinrich Böll: „Entfernung von der Truppe"
(Ich-Erzähler und Hildegard Bechtold)

5. Benjamin Constant: „Adolph" (Ich-Erzähler und Ellenor)

6. Erich Kästner: „Fabian" (Fabian und Cornelia)

7. K. F. Boree: „Dor und der September" (Ich-Erzähler und Dor)

8. Goethe: „Wilhelm Meisters Lehrjahre"
(Wilhelm Meister und Aurelie)

9. Leo N. Tolstoi: „Krieg und Frieden" (Pierre und Hélène)

Nachträgliche Tips helfen nichts, es sei denn fürs nächste Quiz. Also: spätestens beim Auftauchen des „guten Russentischs" gab es keine Zweifel mehr über Davos und den Zauberberg. Als dann französische Namen auftauchten, lag ein französischer Autor nahe. Wer, außer Giraudoux, hätte den entzückenden Einfall haben können, daß eine junge Frau, die einen Mann sucht, seinen Namen plötzlich im Casino von Biarritz über den Lautsprecher ausrufen läßt – obschon nichts dafür spricht, daß der Betreffende überhaupt im Biarritz weilt?

Die flotten Hinweise auf Löwinnen, Peitschen, großfürstliche Erleichterung und männliche Macht verwiesen Branchenkundige im dritten Abschnitt auf Habes Gräfin Tarnowska. Der vierte Abschnitt war deshalb so schwer zu enträtseln, weil man hierzulande literarischen Charme und eine leichte Hand nie zusammen mit dem Namen Böll denkt. Der fünfte Abschnitt, inhaltlich Böll ähnlich, konnte nur von denjenigen identifiziert werden, die wissen, daß Benjamin Constant einer der größten Psychologen der französischen Literatur war. Seine psychologischen Funde haben die Frische des „Zum-erstenmal"; selbst in unserem kurzen Absatz klingt Constants These an, daß Liebe nicht immer die Sache zweier Menschen ist, sondern eher Probleme eines einzigen.

Wer sich im Zusammenhang mit Kästners „Fabian" an heitere Obszönitäten erinnert, hat vergessen, wie sentimental der arme, an seinem ständigen Unglück doch schuldige Fabian empfindet. Bei Borees „Dor und der September" muß man sich damit abfinden, daß die liebenswerte Unterhaltung von gestern nur zu leicht zum Kitsch von heute absinkt.

Realistische Brillanz und Theaterleidenschaft werden beim „Klassiker" Goethe anscheinend nicht vermutet. Wer beim neunten Abschnitt verlegen blieb, hätte sich fragen sollen, welch ein russischer Autor das zugleich notwendige und absurde Hineinschliddern eines jungen Mannes in eine ungewollte Ehe mit solcher Unwiderstehlichkeit schildern kann wie eben Tolstoi.

„Namen vergesse ich leider immer"
Seite 20–25
23./24./25./26.12.1972 – 31.12.1972

1. 1. Hugo von Hofmannsthal
2. „Der Rosenkavalier"

3. Mohammed, der kleine Neger, der im ersten Akt die Schokolade ins Schlafgemach der Feldmarschallin bringt, und der im letzten Akt, im „Beisl", Sophies Taschentuch sucht und findet.

1. Gotthold Ephraim Lessing
2. „Nathan der Weise"
3. Der Derwisch Al-Hafi, Nathans „Schachgesell", der im dritten Auftritt des ersten Aktes von seinen Wohltätigkeits-Skrupeln berichtet.

1. Johann Wolfgang von Goethe
2. „Faust I"
3. Lieschen möchte in der Szene „Am Brunnen", zusammen mit Gretchen über Bärbelchens Schande schadenfroh spotten. Gretchen ist jedoch begreiflicherweise nicht aufgelegt dazu, sondern plötzlich mitleidig. Lieschen hat kein Verständnis dafür.

1. Heinrich Böll
2. „Nicht nur zur Weihnachtszeit"
3. Der pensionierte Prälat, der hinzugezogen wird, um die Weihnachtsfeier allabendlich mitzugestalten, und der „seine Rolle vorzüglich spielt, wenn er überhaupt weiß, daß er eine und welche er spielt".

1. Dante
2. „Göttliche Komödie"
3. Belacqua, der Florentiner Handwerker, den Dante gekannt haben muß, ist im vierten Gesang des „Fegefeuers" so faul, daß selbst dem nicht eben humoristischen Dante ein „leises Lächeln auf die Lippe tritt". Belacqua sieht die Nutzlosigkeit jeder körperlichen Bemühung ein.

1. Samuel Beckett
2. Die Novelle „Dante und der Hummer"
3. Der Held dieser Novelle, wiederum Belacqua, ein geistiger Mensch, ißt zwar gern Hummer, verabscheut jedoch die Tötungsart; und nimmt deshalb einfachheitshalber an, es sei ein leichter Tod im kochenden Wasser.

1. Rainer Maria Rilke
2. „Die Weise von Liebe und Tod des Cornets Christoph Rilke"

3. Der kleine Marquis, mitreitend, blüht beim Gespräch über die „Mutter" auf und überreicht seinem Freunde, dem Cornet, ein Rosenblatt. Der von Langenau staunt.

1. Thomas Mann
2. „Der Zauberberg"
3. Dr. Krokowski im Kapitel „Jähzorn. Und noch etwas ganz Peinliches", wo die beiden Vettern bei der Untersuchung den Hofrat Behrens erzürnen und in Dr. Krokowski keinerlei Hilfe finden.

1. Gerhart Hauptmann
2. „Die Ratten"
3. Pastor Spitta, der nach Berlin gefahren ist, um seinen Sohn Erich vor dem Äußersten zu bewahren – und der natürlich nicht ahnen kann, daß die von Erich geliebte und vom Vater beanstandete Photographie ausgerechnet das Photo der Tochter des Theaterdirektors Hassenreuter enthält. Hassenreuter wiederum hat es nicht gern, sein Kind als „Nähmädchen" oder „obskure Kellnerin" bezeichnet zu hören.

1. J. B. P. Molière
2. „Der Misanthrop"
3. Der Höfling Oronte hat dem Misanthrop Alceste sein Hoffnungssonett vorgetragen und dabei bittere Kritik einstecken müssen. Oronte rächt sich später mit Hilfe einer Intrige.

1. Richard Wagner
2. „Die Meistersinger von Nürnberg"
3. Der Nachtwächter, der im zweiten Akt zunächst ungerührt verkündet, daß die Glocke zehn und dann daß sie „eilfe" geschlagen habe.

Häßliche und andere Deutsche
Seite 26–36
24./25./26.12.1976 – 2.1.1977

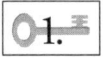

Deutscher Ehemann gefällig? – Shakespeare:
„Kaufmann von Venedig"

Auch nicht sehr reizvoll: die züchtige Hausfrau – Stendhal:
„Über die Liebe"

3. Berlin, wohlorganisiert – Mark Twain: „Der berühmte Springfrosch von Calaveras"

4. Mini-Gott in Frankreich – Sartre: „Die Pariser und die Deutschen"

5. Unheimlicher Osten – Solschenizyn: „Ostpreußische Nächte"

6. Komplott, KZ, Kulturvolk – Hamsun: „Auf überwachsenen Pfaden"

7. Vaterland der Halbheiten – Seume, Vorwort aus: „Mein Sommer 1805"

8. Spezialistische Unnatur – Hölderlin: „Hyperion"

9. Gezähmte, unjunge Jugend – Goethes Gespräche mit Eckermann

10. Die Versuchung der höheren Triebe – Shaw: „Wagner-Brevier"

11. Unsere gute Küche – Montaigne: „Reisetagebuch" 1580/81

12. Wenn wir erst revoltieren – Heine: „Zur Geschichte der Religion und Philosophie in Deutschland"

13. Münchens leuchtende Lebensart – Thomas Wolfe: „Geweb und Fels"

Wer ist sie – wer ist er?
Seite 37–45
30./31.12.1966 - 7./8.1.1967

1. Wenn in einem dem deutschen Drama gewidmeten Quiz jemand Zöpfe flicht, aufbindet und dabei Knittelverse von unverwechselbar altdeutscher Gediegenheit spricht, ängstlich an die Mutter und sehnsüchtig an einen kecken Herrn denkt, dann kann es eigentlich nur Gretchen sein. Selbst wer nicht ins Theater geht oder Klassiker liest, kennt zumindest den ältesten deutschen Bühnenwitz, der darauf basiert, daß die Darstellerin des Gretchens versehentlich nicht den Herrn akzentuiert, sondern das heut.

Autor unseres ersten Quiz-Abschnittes ist *Goethe*, die Sprechende ist *Margarete*. Der Ausschnitt stammt aus dem *Faust I*.

Wenn eine Atmosphäre dumpfer Finsternis hergestellt wird, wenn Gedankenstriche den ruhigen Bewußtseinsstrom stören, wenn an die Stelle antikischer Helle die Stimmung barbarischer Zweideutigkeit tritt, wenn der Liebhaber von Anfang an zwischen Zuneigung und Haß schwankt, Doppeldeutigkeiten erwägt, in klassizistischen Blankversen psychologische Gewagtheiten sagt, dann hat man es wahrscheinlich mit Franz Grillparzer zu tun, der das klassische Antikenbild schroff schwärzte und aus dem Mythos ein Ehedrama machte.

Autor unseres zweiten Quiz-Ausschnittes ist *Franz Grillparzer*. Der Dialog stammt aus der Trilogie *Das goldene Vließ*, und zwar aus deren zweitem Teil: *Die Argonauten*, in dem *Jason* und *Medea* übereinander nachdenken.

 Wenn unwiderstehliche Antithetik einen dramatischen Dialog auszeichnet, wenn Frauen reden wie Heldinnen und wenn junge Helden einen pathetischen Anspruch an sich und die Welt stellen, ohne im geringsten ins Phrasenhafte zu geraten, dann soll man an Schiller denken. Wo Repliken vorkommen wie: „Er ist so gut, so edel – " / „Das bist Du!", wo Vertrauen sich ganz rein erhält (während es bei Kleist oft angefochten wird), da regiert deutscher Idealismus, in dessen vielleicht realistischstem Erzeugnis, dem „Wallenstein", die politischen Intrigen eines großen, bösen Mannes alle Beteiligten vor fast unlösbare Gewissenskonflikte stellen.

Autor unseres dritten Quiz-Abschnittes ist *Friedrich Schiller*. Der Dialog stammt aus der *Wallenstein*-Trilogie. Im ersten Akt von *Die Piccolomini* sprechen *Thekla* und *Max*.

 Wenn schwungvoll und hysterisch übertrieben wird, wenn etwa von der „wahrhaft gigantischen Bemühung, die Welt von Grund aus durch das Gesetz Mosis zu restaurieren" die Rede ist, wenn es auf Hunderte von Toten steigerungshalber gar nicht ankommt, wenn moderne, körnige Flottheit und wüste Wildheit sich die Waage halten, dann liegt Dürrenmatt in der Luft.

Autor unseres vierten Quiz-Abschnittes ist *Friedrich Dürrenmatt*, der Sprechende ist Staatsanwalt *Florian Mississippi*, der Ausschnitt stammt aus der Komödie *Die Ehe des Herrn Mississippi*.

 Wenn ein dramatischer Dialog herrisch-herb imponiert, gedankenvoll und streng und schrecklich starr ist, und man sich wundert, daß man ihn nicht erkennt – dann darf man auf Hebbel tippen.

Autor unseres fünften Quiz-Abschnittes ist *Friedrich Hebbel,* der Dialog stammt aus der Tragödie *Herodes und Mariamne,* die Sprechenden im dritten Akt sind *Herodes* und *Mariamne.*

Wenn schnoddriger Expressionismus einen unterkühlten sachlichen Charme hat („Was kann ein Gentleman sagen? Er kann nicht mehr sagen"), wenn in einem Liebesdialog mehr von Untier und Schuft die Rede ist als von Herz und Kunst, wenn man sich überlegt, wo das bei Sternheim stehen könnte und dann vom Gossenmilieu ein bißchen verwirrt wird, dann kann's nur der frühe Brecht gewesen sein.

Autor unseres sechsten Quiz-Abschnittes ist *Bertolt Brecht,* der Dialog stammt aus der *Dreigroschenoper,* es sprechen *Lucy* und *Mackie Messer.*

Wenn von Peitsche und Peitschenhieben gesprochen wird, wenn ein hysterisches Frauenzimmer hysterisch sagt, es sei ja gar nicht hysterisch, dann geht man kaum fehl, auf Frank Wedekind zu tippen, der Obsessionen solcher Art gern in seinen Dramen und Erzählungen unterbrachte. Im übrigen war dieser Ausschnitt besonders schwer zu erraten für Leute, die nicht Stammgäste der Münchner Kammerspiele sind.

Autor unseres siebten Quiz-Abschnittes ist *Frank Wedekind,* die Sprechende heißt *Klara,* der Ausschnitt stammt aus dem ersten Bild des Sittengemäldes *Musik.*

Wenn der Dialog mit einer für deutsche Komödienverhältnisse ungewöhnlichen Intelligenz und Eleganz geführt wird, wenn Leute sich auf liebenswürdige Weise Bosheiten sagen und dabei sowohl gute Kinderstube wie auch maliziösen Charakter verraten, dann kommt dergleichen meist aus Wien, der einzigen deutschsprachigen Stadt, in der eine Komödientradition existiert.

Autor unseres achten Quiz-Abschnittes ist *Arthur Schnitzler,* die Sprechenden sind *Margarete* und *Gilbert,* der Ausschnitt stammt aus dem Einakter *Literatur.*

Wenn ein Protagonist überhaupt nicht damit zu Rande kommen kann, daß die Liebe zwischen Mann und Frau mit mannigfachem Unbill verbunden ist, und die Ehe übrigens erst recht, wenn dieser Leidende sich auf vergnüglich-präzise Weise und in zeitgenössischem Ton Luft zu machen weiß, dann war sein alliebender Vater mit ziemlicher Sicherheit der Verfasser des „Stiller" und des „Gantenbein".

Autor unseres neunten und letzten Quiz-Abschnittes ist *Max Frisch*, der Sprechende *Don Juan Tenorio*, der Ausschnitt stammt aus dem fünften Akt der Komödie *Don Juan oder die Liebe zur Geometrie*.

Wer schrieb es wirklich? Die verwechselten Text-Bäumchen
Seite 46–54
24./25./26.12.1974 – 31.12.1974/1.1.1975

Die tatsächlichen 12 Autoren der 12 Texte in unserem Rätsel waren:

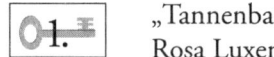 „Tannenbaum und innere Freude": nicht Ludwig Thoma, sondern Rosa Luxemburg (in einem Brief an Sophie Liebknecht).

 „Tristan und Isolde": nicht Richard Wagner, sondern Emil Ludwig (in „Dramatische Dichtungen 1932").

 „Keine Parteien, kein Trennendes mehr": nicht Wilhelm II., sondern Ernst Jünger (in „Der Friede", Gesamtausgabe Band V).

 „Schwächen der Regierungsmannschaft": nicht Willy Brandt, sondern Otto von Bismarck (in „Gedanken und Erinnerungen").

 „Hervorragende Wissenschaftler": nicht Emil Ludwig, sondern Wilhelm II. (in „Ereignisse und Gestalten 1878-1918").

 „Das Theater als politischer Raum": nicht Carl Sternheim, sondern Willy Brandt, (in „Reden und Interviews").

 „Not in der Unrechtsgesellschaft": nicht Rosa Luxemburg, sondern Richard Wagner (in „Deutschland und seine Fürsten", Sämtliche Schriften und Dichtungen, 11. Band).

 „Realistische Errungenschaften": nicht Stephan Hermlin, sondern Bertolt Brecht („Kulturpolitik und die Akademie der Künste" in „Über Realismus", herausgegeben von Werner Hecht).

 „Profitdrang und Zeitungsmacher": nicht Karl Kraus, sondern Carl Sternheim (in „Essays", Werkauswahl/Band IV).

 **10.** „Die Macht der Finsternis": nicht Ernst Jünger, sondern Stephan Hermlin (in „Der Leutnant Yorck von Wartenburg").

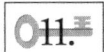 **11.** „Ein Schulaufsatz über den Krieg": nicht Bertolt Brecht, sondern Ludwig Thoma (in „Die Dachserin und andere Geschichten").

 **12.** „Gesunde Lebensweise": nicht Otto von Bismarck, sondern Karl Kraus („Lob der verkehrten Lebensweise" in „Die Fackel", Heft 257/58).

Weihnachten
Seite 55–69
24./25./26.12.1969 – 31.12.1969/1.1.1970

 **1.** Einer, der sich dem Konsumrummel rechtzeitig entzieht
Der Text stammt von George Bernard Shaw. Shaw schrieb zwischen 1890 und 1894 regelmäßig Musikkritiken in London, die unter dem Titel „Music in London" (London Constable und Company Limited) in drei Bänden gesammelt vorliegen. Es existiert auch eine kleine, den Reichtum dieser glänzenden Rezensionen nicht hinreichend widerspiegelnde deutschsprachige Anthologie (Suhrkamp-Verlag).
Unser so modern klingender erster Quiz-Text stammt aus der Einleitung, die Shaw seinem Musikbericht vom 20. Dezember 1893 gab.

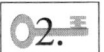 **2.** Festvorbereitungen in einem anderen Land
Dieses Zitat stammt von Truman Capote. 1956 hat er „A Christmas Memory" publiziert. Das poetische, zart-sentimentale, fast ergreifend endende Prosastück ist, von Elisabeth Schnack übersetzt, unter dem Titel „Eine Weihnachtserinnerung" im Limes-Verlag, Wiesbaden, erschienen.

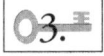 **3.** Ein Dramatiker quälte sich
Nach Beendigung der „Piccolomini" am 24. Dezember 1798 schrieb Friedrich Schiller diesen aufatmenden Brief an Goethe.

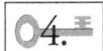 **4.** Ein Dramatiker quält sich nicht
Der Auszug stammt aus Jean Anouilhs heute relativ harmlos-zynisch wirkendem Don-Juan-Stück „Der Herr Ornifle" (nachzulesen in Jean Anouilhs Dramen II, Langen-Müller-Verlag, München). Dem Herrn Ornifle macht es nichts aus, nebeneinander ein raffiniert einfältiges

Weihnachtslied und ein ebenso raffiniert zweideutiges Chanson zu erfinden.

05. Nicht nur auf die Geburt, sondern auf die Verkündigung kommt es an
Diese großartige und frische Nacherzählung der Weihnachtsgeschichte – gewiß der bedeutendste Text unseres Quiz' – stammt von Martin Luther. Unser Ausschnitt ist einer am 25. Dezember 1529 gehaltenen Luther-Predigt über die Weihnachtsgeschichte entnommen. In der Weimarer Ausgabe, Band 29, sind drei Fassungen dieser Predigt (übereinander auf jeder Seite) abgedruckt. Besonders bezeichnend für Luthers Intention: Wir wüßten von der Geburt Jesu nichts, wenn die Engel sie nicht weitergesagt hätten. Das gesprochene Wort wird, protestantisch-theologisch, als das wesentliche begriffen.

06. Dichterisch vergegenwärtigte Nacht
Wo in unserer Lyrik verbinden sich zart-impressionistische Beobachtungseinzelheiten mit gelassen-sicherem Erfassen des Ganzen und tief katholischem Glaubensernst so zwingend wie in der Lyrik der Annette von Droste-Hülshoff, deren Zyklus „Das geistliche Jahr" das Gedicht „Heilige Nacht" entnommen ist.

07. Weihnachten als Roman-Beginn
Wen die Namen Lewin von Vitzewitz und Bohlsdorfer Kirche nicht darauf stoßen, der muß entweder Theodor Fontanes Erstlingsroman „Vor dem Sturm", dem dieser Beginn entnommen ist, kennen, oder man muß auf Grund der herzlich-ruhigen Erzählweise darauf kommen, daß in deutscher Sprache nur einer so hat schreiben können. (Aus Theodor Fontane, „Sämtliche Werke", Band II, herausgegeben von Walter Keitel im Hanser-Verlag, München).

08. Tagebuch-Notiz aus revolutionärer Nachkriegszeit (1. Weltkrieg)
Unser Ausschnitt stammt von dem glänzenden Beobachter, dem Briefpartner Hugo von Hofmannsthals, dem Diplomaten und Mäzen Harry Graf Kessler. Der Text ist dem im Insel-Verlag erschienenen Band „Tagebücher 1918–1937" entnommen.

09. Dankbrief aus Kriegszeiten (2. Weltkrieg)
Die zugleich deutsch-patrizische und leicht modisch-amerikanisierte Schreibweise verrät, daß Thomas Mann der Autor dieses Briefes war. Es handelt sich um einen Brief, den Thomas Mann am 25. Dezember

1940 an seine Freundin Agnes E. Meyer geschrieben hat (nachzulesen in „Thomas Mann – Briefe 1937–1947", erschienen im S. Fischer-Verlag).

10. Tagebuch-Notiz aus Nachkriegszeit (2. Weltkrieg)
Diesen, Erschütterung mühsam hinter sachlicher Sprache verbergenden Text schrieb Ernst Jünger am 24. Dezember 1945. Es handelt sich um eine Tagebuchnotiz aus den „Strahlungen" (erschienen im Klett-Cotta-Verlag).

11. Ein Junge hat einen Plan
So erzählt und beobachtet in unserer Literatur wahrscheinlich nur Heinrich Böll. Seine ebenso konkrete wie empfindsame Weihnachtsgeschichte ist unter verschiedenen Überschriften in mehreren, weihnachtlich gestimmten Sammlungen erschienen. Zum Beispiel hieß die Geschichte „Ein Kellner über Weihnachten" in „Wie soll ich Dich empfangen, Weihnachten heute" (Matthias Grünewald-Verlag, 1962). Später erschien sie in „Überm Stall der Stern" als „Der Kellner" (Mohn-Verlag, Gütersloh, 1965). Zuerst wurde sie veröffentlicht in der 1960 im Furche-Verlag erschienenen Weihnachtsanthologie „Gott kommt ins Heute – Evangelische Weihnacht, 10. Folge".

12. Das Kind im Bild
Diese einführenden Gedanken zu „Christkind-Figuren aus sechs Jahrhunderten" machte sich im Bildbuch „Ein Kind ist uns geboren" (Prestel-Verlag, München) der Schriftsteller Eugen Roth.

Wer ist's? Was ist's? Wer schrieb's?
Seite 70–77
23./24./25./26.12.1978 – 30./31.12.1978

1. Schiller, „Kabale und Liebe": Hofmarschall von Kalb.

2. Th. Mann, „Buddenbrooks": Dr. Breslauer.

3. Richard Wagner, „Der fliegende Holländer": Erik.

4. Shakespeare, „Coriolan": Der arme Mann aus Corioli.

5. Gerhart Hauptmann, „Der Biberpelz": Wehrhahn.

6. Grabbe, „Die Hermannsschlacht": ein Schreiber und sein römischer Feldherr Varus. Gegenspieler: Hermann der Cherusker. Dessen Gattin „Neldchen" hieß in Kleists „Hermannsschlacht" „Thuschen", in Wahrheit Thusnelda.

7. Beckett, „Endspiel": Nagg und Nell.

8. Jean Paul, „Des Feldpredigers Schmelzle ‚Reise nach Flätz' ...": Feldprediger Attila Schmelzle.

Die ärztliche Kunst
Seite 78–86
24./25./26.12.1979 – 31.12.1979/1.1.1980

1. Goethe: „Faust I", Mephistopheles in der Schülerszene.

2. Das Buch Sirach in Luthers Übersetzung, Kapitel XXXVIII, Vers 1-4.

3. Sinclair Lewis: „Dr. med. Arrowsmith", 2. Kapitel.

4. Theodor Fontane: „Effi Briest", 3. Kapitel.

5. Anton Tschechow: „Krankenzimmer Nr. 6"

6. Thomas Mann: „Tristan"

7. Ernest Hemingway: „In einem andern Land", 2. Buch, 3. Kapitel.

8. Gottfried Benn: „Gehirne", aus der frühen Prosa.

9. Arthur Schnitzler: „Professor Bernhardi", 2. Akt

10. Christian Morgenstern: „Der Hecht", aus den Galgenliedern.

11. G. B. Shaw: „Der Arzt am Scheidewege", 1. Akt.

12. Gustave Flaubert: „Madame Bovary", 2. Kapitel.

13. Franz Kafka: „Ein Landarzt".

14. Karl Valentin: „Beim Arzt".

15. Goethe: „Die Aufgeregten", 1. Aufzug, 4. Auftritt.

16. Georg Büchner: „Woyzeck".

17. Thomas Mann: „Der Zauberberg", Kapitel „Jähzorn. Und noch etwas ganz Peinliches".

18. Jean Paul: „Dr. Katzenbergers Badereise".

19. Günter Grass: „Davor", 3. Szene.

Verliebt, verlobt, verheiratet
Seite 87–95
24./25./26.12.1980 – 31.12.1980/1.1.1981

1. Georg Büchner: „Leonce und Lena", 1. Akt, 4. Szene; Dialog zwischen Lena und ihrer Gouvernante.

2. Max Frisch: „Die chinesische Mauer", 17. Szene, die Prinzessin Melan und der Prinz.

3. Friedrich Hebbel: „Judith", 2. Akt; Erzählung der Judith.

4. Heinrich von Kleist: „Das Käthchen von Heilbronn", 4. Akt. 2. Auftritt, Käthchen und der Graf vom Strahl.

5. Bertolt Brecht: „Dreigroschenoper"; Frau Peachum (Mutter) und Polly.

6. Goethe: „Faust I"; Faust und Margarete.

7. Shakespeare: „König Richard III.", 1. Akt, 2. Szene; Monolog des Gloster.

8. Strauss/Hofmannsthal: „Der Rosenkavalier", 1. Akt; die Marschallin und Octavian.

9. Aischylos: „Die Orestie", 1. Teil „Agamemnon", 3. Hauptszene; Agamemnon und Klytaimnestra.

 Richard Wagner: „Der Ring des Nibelungen"/„Walküre", 2. Akt; Wotan und Fricka.

 Eugène Ionesco. „Die kahle Sängerin", Mr. und Mrs. Martin.

Prüfungen soll man bestehen
Seite 96–106
24./25./26./27.12.1987 – 31.12.87/1.1.1988

 Robert Walser: „Die Talentprobe" (aus dem Band 1 des Gesamtwerkes, „Geschichten").

 Bertolt Brecht: „Herr Puntila und sein Knecht Matti" (Szene 9: „Puntila verlobt seine Tochter einem Menschen").

 Karl Arnold Kortum: „Leben, Meinungen und Taten von Hieronymus Jobs dem Kandidaten" (bekanntgeblieben durch Wilhelm Buschs „Bilder zur Jobsiade").

 Jean Giraudoux: „Intermezzo" (1. Akt, 6. Szene).

 Thomas Mann: „An Bruno Walter zum 70. Geburtstag" (aus Thomas Mann: Gesammelte Werke, Band 10).

 Richard Wagner: „Die Meistersinger von Nürnberg" (1. Aufzug, 3. Szene).

 Joseph Conrad: „Über mich selbst" (Kapitel 6).

Wie weit darf der brave Mann eigentlich gehen?
Seite 107–117
24./25./26.12.1977 – 31.12.1977/1.1.1978

 Nur Tiere nehmen Unabänderliches hin – J. G. Fichte: „Beitrag zur Berichtigung der Urteile des Publikums über die Französische Revolution. Zur Beurteilung ihrer Rechtmäßigkeit".

 Vaterlandsliebe, ein künstlicher Trieb – Schiller: „Die Gesetzgebung des Lykurg".

3. Freudig bindende Ordnung – Schiller: „Das Lied von der Glocke".

4. Wahrhaft Freie müssen ins Gefängnis – Christian Morgenstern: „Palmström wird Staatsbürger".

5. Deutsche ermannen sich gegen die Welt – Friedrich Hölderlin, aus dem Entwurf „O Schlacht fürs Vaterland".

6. Indolenz: Trägheit mit schlimmen Folgen – Lichtenberg: „Schriften und Bücher", 1. Band, Sudelbücher.

7. Man kann dem Vaterland doch etwas zutrauen – Heinrich von Kleist: „Prinz Friedrich von Homburg", IV, 1.

8. Ohne-mich-Standpunkt in entfremdeter Welt – Morgenstern: „Aphorismen und Sprüche".

9. Blasse Weltverbesserer – Hölderlin: „Hyperion".

10. Zerstören will ich die bestehende Ordnung – Richard Wagner: „Die Revolution" (1849).

11. Mündigkeit ist beschwerlich und gefährlich – Immanuel Kant: „Beantwortung der Frage: Was ist Aufklärung".

12. Was der Ausnahmezustand bewirkt – Heinrich von Kleist: „Über die Rettung Österreichs".

13. Die gesetzliche Gleichheit ist nur scheinbar – J. G. Fichte: „Die Bestimmung des Menschen".

14. Anführer führen an – Lichtenberg: „Schriften und Bücher", Band 1, Sudelbücher.

15. Warum konservativer Sinn sein muß – Richard Wagner: „Was ist deutsch?"

16. Lohn der Unverträglichkeit, Mißgunst und Eitelkeit – Immanuel Kant: „Idee zu einer allgemeinen Geschichte in weltbürgerlicher Absicht".

Ein guter Freund, ein guter Feind
Seite 118–127
23./24./25./26.12.1989 – 30./31.12.1989/1.1.1990

1. J. W. von Goethe: „Faust I", Vor dem Tor.

2. Thomas Mann: „Königliche Hoheit", Kapitel „Imma".

3. Christian Morgenstern: „Das Geierlamm" aus dem Gedichtzyklus „Palma Kunkel", in „Alle Galgenlieder".

4. Thornton Wilder: „Der achte Schöpfungstag", 2. Teil „Von Illinois nach Chile".

5. William Shakespeare: „Richard II.", 5. Akt, 5. Szene.

6. Uwe Johnson: „Jahrestage", Band IV/15. August 1968 Donnerstag.

7. Wilhelm Müller: „Die Krähe" (aus dem Zyklus „Winterreise").

8. Franz Kafka „Das Schloß", aus dem 11. und 12. Kapitel.

9. Bertolt Brecht: „Geschichten vom Herrn Keuner".

10. Hermann Hesse: „Der Wolf", aus dem ersten Band der gesammelten Erzählungen.

Wie zwei sich kriegen
Seite 128–136
24./25./26.12.1993 – 31.12.1993/1.1.1994

1. Johann Wolfgang von Goethe: „Faust II", 3. Akt, Dialog Faust–Helena.

2. Max Frisch: „Homo faber", Ausgabe Bibliothek Suhrkamp, Seite 90 ff.

3. Heinrich von Kleist: „Der zerbrochene Krug", Vers 871 ff.

4. Franz Kafka: „Briefe an Felice", Brief vom 27.10.1912, erschienen bei S. Fischer.

05. Ingeborg Bachmann: „Der gute Gott von Manhattan", Piper, vierbändige Werkausgabe, Band 1, Seite 282 ff.

06. Abaelard: „Der Briefwechsel mit Heloisa", aus dem 1. Brief („Abaelards Trostbrief an seinen Freund"), zitiert nach Reclam-Universalbibliothek, Ausgabe von 1989.

07. Shakespeare: „Othello", 1. Akt, aus der 3. Szene.

08. Hugo von Hofmannsthal: „Die Beiden", zitiert nach Ausgewählte Werke in zwei Bänden, S. Fischer-Verlag.

Scheiden, das ist auch ein wenig sterben
Seite 137–146
23./24./25./26.12.1995 – 2.1.1996

1. Friedrich Schiller: „Die Jungfrau von Orléans". Prolog, Vierter Auftritt.

2. Homer: „Ilias". VI. Gesang.

3. Erich Kästner: „Sachliche Romanze". Aus: Erich Kästner, Bei Durchsicht meiner Bücher ...

4. Beethoven: „Wien, am 9. Oktober 1811". Aus: Beethoven, Briefe und Gespräche.

5. Stefan George. Werke. Ausgabe in zwei Bänden, Band 1, S. 95.

6. Franz Kafka: „Hotel Occidental". Aus: „Amerika". S. 171. S. Fischer Verlag.

7. Rainer Maria Rilke: „Die Sonette an Orpheus" Nr. XIII.

8. Ingeborg Bachmann: „Todesarten"–Projekt. Band 1, S. 19 ff.

9. Brecht: „Aufstieg und Fall der Stadt Mahagonny". 14. Szene. Aus: Versuche 1–12. S. 75. Suhrkamp Verlag.

10. Stendhal: „Rot und Schwarz". 43. Kapitel. S. 379, dtv-Ausgabe.

11. Richard Wagner: „Götterdämmerung". 1. Akt, aus „Vorspiel".

12. Thomas Mann: „Lotte in Weimar". Aus: Gesammelte Werke in zwölf Bänden. Band II, S. 763. S. Fischer Verlag.

13. Gustav Mahler: „VI. Der Abschied". Aus: „Das Lied von der Erde" nach Hans Bethge: „Die chinesische Flöte".

Tränen – ewige Beglaubigung der Menschheit
Seite 147–156

1. Heinrich Heine – Aus dem Buch der Lieder „Ich hab im Traum geweinet..."

2. Thomas Mann – „Antonio Kröger" – Kapitel I

3. Johann Wolfgang von Goethe – „Faust"
1. Teil Vers 757-784

4. Franz Schubert – „Mein Traum"
Allegorische Erzählung, niedergeschrieben am 3.7.1822

5. Christian Morgenstern – „Der Werwolf" aus „Der Gingganz"

6. Johann Wolfgang von Goethe – „Die Wahlverwandschaften"
1. Teil 11. Kapitel

7. Javier Marias – „Mein Herz so weiß"
Roman Klett-Cotta S. 113 ff.

8. Joseph Conrad – „Der Geheimagent" XI. Kapitel

9. Jean Paul – „Flegeljahre" Erstes Bändchen – dritte Klausel

10. Iwan S. Turgenjew – „Rudin"
Roman – XI Kapitel

11. Richard Wagner – „Parsifal" Bühnenweihfestspiel
III. Aufzug I. Szene

Quellenverzeichnis

Wir bedanken uns bei folgenden Verlagen, Institutionen und Privatpersonen für die freundliche Erlaubnis, aus nachstehenden Werken zu zitieren:

Ernst Jünger. „Tagebucheintrag: Kirchhorst, 24. Dezember 1945". Aus: Ernst Jünger, Sämtliche Werke, Band 3: Tagebücher III: Strahlungen II. Klett-Cotta, Stuttgart 1979

Ernst Jünger. „Der Friede" . Aus: Ernst Jünger, Sämtliche Werke, Band 7: Betrachtungen zur Zeit. Klett-Cotta, Stuttgart 1980, 2. Aufl. 1994

Stefan George. „Sieh mein kind ich gehe". Aus: Stefan George, Sämtliche Werke in 18 Bänden. Hrsg. von Stefan George-Stiftung, Stuttgart. Band 3: Die Bücher der Hirten- und Preisgedichte. Der Sagen und Sänge und der Hängenden Gärten. Bearb. von Ute Oelmann. Klett-Cotta, Stuttgart 1991

Gottfried Benn. „Gehirne". Aus: Gottfried Benn, Sämtliche Werke. Stuttgarter Ausgabe. In Verb. mit Ilse Benn hrsg. von Gerhard Schuster. Band III: Prosa 1. Klett-Cotta, Stuttgart 1987

Javier Marias. „Mein Herz so weiß". Originalausgabe bei Editorial Anagrama, Barcelona. © 1992 Javier Marias. Dt. Übs. v. Elke Wehr. © J. G. Cotta'sche Buchhandlung Nachfolger GmbH, Stuttgart 1996

Thomas Mann. „Tristan". Aus: Thomas Mann, Gesammelte Werke in dreizehn Bänden. Band VIII. Erzählungen. © S. Fischer Verlag GmbH, Frankfurt am Main , 1960, 1974

Thomas Mann. „Briefe an Agnes Meyer und Bruno Walter". Aus: Thomas Mann, Briefe 1937 - 1947. © Katja Mann. Abdruck mit freundlicher Genehmigung der S. Fischer Verlag GmbH, Frankfurt/Main

Thomas Mann. „Königliche Hoheit", „Buddenbrooks", „Der Zauberberg" und „Lotte in Weimar". Aus: Thomas Mann, Gesammelte Werke in dreizehn Bänden. © S. Fischer Verlag GmbH, Frankfurt am Main, 1960

Thomas Mann. „Tonio Kröger" . Aus: Thomas Mann, Gesammelte Werke in dreizehn Bänden. Band VIII. Erzählungen. © S. Fischer Verlag GmbH, Frankfurt am Main, 1960, 1974

Thornton Wilder. „Der achte Schöpfungstag". © S. Fischer Verlag, Frankfurt am Main, 1968

Hugo von Hofmannsthal. „Der Rosenkavalier" . Aus: Hugo von Hofmannsthal, Dramen V. Operndichtungen. © Fischer Taschenbuch Verlag GmbH, Frankfurt am Main, 1979

Arthur Schnitzler. „Literatur". Aus: Arthur Schnitzler, Die dramatischen Werke 1. © S. Fischer Verlag, Frankfurt am Main 1962

Arthur Koestler. „Sonnenfinsternis". © Europaverlag Wien 1978

Eugène Ionesco. „Die kahle Sängerin". Aus: Eugène Ionesco, Werke Bd. 1. Alle Rechte an der Übersetzung von Serge Stauffer beim C.Bertelsmann Verlag GmbH, München

Harry Graf Kessler. „Tagebücher 1918-1937". © Insel Verlag, Frankfurt am Main 1961

Hugo von Hofmannsthal. „Die Beiden". Aus: Hugo von Hofmannsthal, Gedichte. © Insel Verlag, Frankfurt am Main 1979

Stephan Hermlin. „Der Leutnant Yorck von Wartenburg". In: Drei Erzählungen. Insel Bücherei 1094. © Insel Verlag Leipzig und Frankfurt 1990

Robert Walser: „Die Talentprobe". Aus: Robert Walser, Das Gesamtwerk. © Suhrkamp Verlag Zürich/Frankfurt am Main 19978, mit Genehmigung der Inhaberin der Rechte, der Carl Seelig-Stiftung, Zürich

Bernard Shaw. „Der Durchschnittsmensch ist nirgends beliebt ... sogar über deutsches Ertragen hinaus", „Musikbericht vom 20.12.1983", „Arzt am Scheideweg", 1. Akt". Aus: Ein Wagner-Brevier. © Suhrkamp Verlag, Frankfurt am Main 1973

Karl Kraus. „Ich hatte die traurigen Folgen einer normalen Lebensweise ...". Aus: Die Fackel. Heft 257/8. © Suhrkamp Verlag, Frankfurt am Main

Bertolt Brecht. „Kulturpolitik Akademie der Künste", „Die Dreigroschenoper" („Als Herr K. gefragt wurde,welches Tier er vor allen schätze ..."). Aus: Bertolt Brecht, Gesammelte Werke. © Suhrkamp Verlag Frankfurt am Main 1967

Max Frisch. „Heldin: Sie tun mir wirklich weh, mein Herr!" Aus: Max Frisch, Die chinesische Mauer. © Suhrkamp Verlag Frankfurt am Main 1955

Max Frisch.„Mein Unwillen gegen die Schöpfung ...". Aus: Max Frisch, Don Juan oder Die Liebe zur Geometrie. © Suhrkamp Verlag Frankfurt am Main 1963

Max Frisch: „Am anderen Morgen als ich allein an der Reling stand ...". Aus: Max Frisch, Homo faber. © Suhrkamp Verlag Frankfurt am Main 1957

Hermann Hesse. „Der Wolf". Aus: Hermann Hesse, Gesammelte Werke. © Suhrkamp Verlag Frankfurt am Main 1970

Uwe Johnson. „Wenn nur eine Fau allein den weitläufigen Hof ...". Aus: Uwe Johnson, Jahrestage. © Suhrkamp Verlag Frankfurt am Main 1993

Jean Anouilh. „Der Herr Ornifle". Aus: Anouilhs dramatisches Gesamtwerk. © by Langen Müller, in der F.A. Herbig Verlagsbuchhandlung GmbH, München

Hans Habe. „Die Tarnowska". © by F.A. Herbig Verlagsbuchhandlung GmbH, München

Gerhart Hauptmann. „Der Biberpelz". Aus: Gerhart Hauptmann, Werke. © Verlag Ullstein GmbH

Truman Capote. „Eine Weihnachtserinnerung". © 1956 by Truman Capote, für die deutsche Ausgabe: Limes, Niedermayer & Schlüter GmbH. Wiesbaden und München 1984

Carl Sternheim. „Essays". Aus: Carl Sternheim, Werkauswahl Bd. IV. © 1988 by Heinrich Enrique Beck-Stiftung und Luchterhand Literaturverlag GmbH, Darmstadt

A. Solschenizyn. „Unheimlicher Osten". Aus : A. Solschenizyn, Ostpreußische Nächte. © YMCA Press. © d. dt. Übs. 1976 Hermann Luchterhand Verlag GmbH & Co. KG Darmstadt und Neuwied. Jetzt Luchterhand Literaturverlag GmbH, München

Jean Giraudoux. „Intermezzo". Mit freundlicher Genehmigung der Fondation Jean et Jean-Pierre GIRAUDOUX, Versailles

Erich Kästner. Fabian. © Atrium Verlag, Zürich

Erich Kästner. „Sachliche Romanze". Aus: Erich Kästner, Gesammelte Schriften für Erwachsene, Atrium Verlag , Zürich 1969. © Copyright by Erich Kästner Erben, München

Friedrich Dürrenmatt: „Die Ehe des Herrn Mississippi". Copyright © 1985 by Diogenes Verlag AG Zürich

Ernest Hemingway: „In einem anderen Land". © Rowohlt Verlag, Reinbek

Sinclair Lewis. „Dr. med Arrowsmith". © Rowohlt Verlag, Reinbek

Jean-Paul Sartre. „Die Pariser und die Deutschen. Aus: Jean-Paul Sartre, Gesammelte Werke. © Rowohlt Verlag, Reinbek

Thomas Wolfe. „Geweb und Fels". © Rowohlt Verlag, Reinbek

Günter Grass. „Davor". Aus: Günter Grass, Theaterspiele (Studienausgabe Band 12). © Copyright Steidl Verlag, Göttingen 1994

Ingeborg Bachmann: „Der gute Gott von Manhatten", „Undine", „Todesarten"-Projekt. Aus: Ingeborg Bachmann, Werke I, II. © R. Piper & Co. Verlag, München 1978 und Ingeborg Bachmann, „Todesarten"-Projekt . © R. Piper & Co. Verlag, München 1995

Karl Valentin. „Beim Arzt". Aus: Sturzflüge im Zuschauerraum. © R. Piper & Co. Verlag, München 1969

Eugen Roth. „Ein Kind ist uns geboren". Mit freundlicher Genehmigung von Dr. Thomas Roth

Heinrich Böll. „Entfernung von der Truppe", „Monolog eines Kellners". Aus: Heinrich Böll, Erzählungen. © 1994 by Verlag Kiepenheuer & Witsch Köln

Willy Brandt. „Reden und Interviews". Mit freundlicher Genehmigung von Frau Brigitte Seebacher-Brandt

Knut Hamsun: „Auf überwachsenen Pfaden". Südwest Verlag GmbH & Co. KG. München